後悔しない時間の使い方

MASTER YOUR TIME

ティボ・ムリス
弓場隆 訳

Discover

MASTER YOUR TIME
by Thibaut Meurisse

はじめに

あなたは「時間がない」という理由で、どれくらい多くの夢や目標を先延ばしにしてきただろうか？

たしかに現代社会では誰もが忙しく毎日を過ごしている。だから自分にとって本当に大切なことをする時間がなかなか見つからないようだ。私たちは「夢なんて大切ではない」と自分に言い聞かせてビジョンの追求を後回しにし、「今日は忙しいから明日やればいい」という言い訳を繰り返している。

だが、「明日」はけっしてやってこない。年月がたつにつれて夢は徐々に消えていき、やがて完全に忘れ去られる。

ふだんの生活について考えてみよう。私たちはともすれば家族や友人との関係をおろそかにしがちである。「一緒に過ごすのは、あとでいい。感謝を伝えるのも、あとでいい。久しぶりに会うのも、あとでいい」と思っているからだ。心当たりはないだろうか？

だが、**時間は無慈悲である。**

すべての瞬間はたった一回きりだからだ。無意味な活動に費やした膨大な時間は、もう取り戻すことはできない。しかも、あとどれくらいの時間が自分に残されているかは、誰にもわからない。

だが、**時間は恵み深いものでもある。**

時間は1秒ずつ確実に贈られてくるからだ。しかも、それを有効に使う機会は常にある。自分の価値観や向上心を反映するような方法で時間を上手に使うことは、誰にとっても可能なのだ。


では、ここで重要な質問をしよう。

できるかぎり有意義な時間を過ごし、なるべく後悔せずに充実した人生を送るにはどうすればいいだろうか？

まさにこれこそが本書のメインテーマである。

まず、日ごろどのように時間を使っているかを自覚することから始めよう。そうすることで、時間をより有効に使えるようになる。

そのために必要な考察を列挙しよう。

- 生産性とはどういう意味で、どのように役立つか？
- 先延ばしとは何で、それを克服するにはどうすればいいか？
- 時間の有効活用を妨げている思い込みとは何か？
- 生産性を高めるための仕組みを確立し、長期にわたって役立てるにはどうすればいいか？
- 仕事やプライベートで時間を有効に使うための7つの基準とは何か？
- 自分に与えられた時間を使って夢や目標を実現するにはどうすればいいか？

以上の項目のどれかに関心があるなら、このまま読み進めてほしい。

ティボ・ムリス

CONTENTS

PART 1 生産性の本質を理解する

PART 2 時間に対する認識を改める

PART 3

有意義な時間を過ごす

PART 4

時間を有効に使う

PART 5

驚異的な集中力を養う

MASTER YOUR TIME

序章

あなたは本当に時間を大切にしているか？

毎日、すべての人に24時間が平等に与えられている。その時間を使って大きな成果をあげる人がいる一方で、なんの成果もあげない人がたくさんいる。

これはいったいなぜだろうか？

ほとんどの人が時間を大切にしていないからだ。きっと時間を無尽蔵にある資源のように思って、「やりたいことは明日すればいい」といつも自分に言い聞かせているのだろう。

だが、時間はこの世で最も希少な資源のひとつである。労働力や資本力を強化すれば、ほとんど何でも増産できるが、時間を増産することはできない。

非生産的な活動に費やした貴重な時間は、すべて永遠に失われる。当然、その時間を取り戻すことはできない。

より有意義な人生は誰もが設計できる

ここで、単純明快な真実を指摘しよう。

ひとつの活動に時間を費やすことは、その時間にできる他のすべての活動に「ノー」と言っているに等しい。たとえば、テレビを見て膨大な時間を費やしたとしよう。もしその時間を他の活動に使ったなら、何を成し遂げることができただろうか?

だが、その時間はむなしく過ぎてしまった。

ワクワクする夢や有意義な目標を実現するために時間を使うこともできたのに、それをしなかったからだ。いつもそんなふうに時間を浪費していると、まったく望んでいない人生を送ることになる。

ほとんどの人は時間の真価を理解していない。もし理解しているなら、今とはかなり違う方法で毎日を過ごすはずだ。

幸いなことに、時間をうまく使いこなす方法は学ぶことができる。そして、そうすることで、誰もがより有意義な人生を設計することができる。

あなたはどうだろうか？　時間をこの世で最も貴重な資源のひとつとして扱っているだろうか？　毎日、夢や目標に近づくために時間を有効に使っているだろうか？まるで時間が無限にあるかのように考えて、それを浪費していないだろうか？

お金と時間のどちらをより多く持ちたいか？

世界中の多くの人が大富豪の投資家ウォーレン・バフェットをうらやましく思っている。だが、私は貧乏作家だった5年前の自分になりたい。なぜなら当時、私はかのバフェットですら買えない莫大な資産を持っていたからである。お金よりもずっと希少価値のあるものをたくさん持っていたのだ。

そう、私は多くの時間を持っていたのである。

まだ先に何十年という時間を持っていた（もちろん今でもそうであると願っている）。

考えてみよう。今、すでに90代のバフェットになりたいか、自分のままでいたいか、どちらだろうか？　お金と時間のどちらをより多く持ちたいだろうか？

おそらくあなたはバフェットよりも恵まれていると言える。たしかに彼は経済的に豊かだが、あなたは時間的に豊かだからだ。時間を有効に使えば、これからの歳月で多くの目標を達成できる。

貴重な時間を有効活用して、より大きな充実感を得る

以上の文章を読んで、時間がどれだけ貴重なものか理解できただろうか？

私自身、時間がどれだけ貴重であるかを理解して初めて、夢の実現に向けて真剣に行動するようになった。そのとき以来、時間を浪費するのをやめて、すべての瞬間を大切にすることにした。そこで紙とペンを用意して、5年後にはどうなっていたいかを書いた。そして目標を設定し、毎日それに向かって着実に進歩を遂げるために行動を起こした。

それから5年が経過し、目標の大半が現実になった。現在、私は本職の著述家で、英語で書いた20冊以上の著書は23か国語に翻訳され、累計80万部以上の実績を持って

いる。しかも主に英語圏（私にとって英語は外国語である）という激戦区で、それを成し遂げた。

当然、その過程で自分自身への疑念を払拭する必要があった。しかし、それと同時に、目標に向かって果敢に行動しなければ、5年間を無為に過ごしてしまうということも理解していた。そこで、5年後には目標を達成しているという信念と希望を持って、時間を最大限に活用すると決意した。

あなたも同じことができる。そして、きっと公私にわたって大きな成果をあげることができる。

すべての出発点は、時間を大切にすることだ。時間を大切にすることを学べば、夢や目標を実現して意義深い人生を送ることができる。貴重な時間を有効活用することによって、長い目で見ると、想像をはるかに超える大きな成果をあげることができる。

本書を通じて、時間を有効に使い、目標を次々と達成して、より大きな充実感を得るにはどうすればいいかを詳しく説明しよう。実際、生産性が高い人たちは、能力的には大多数の人とそんなに変わらないが、時間の真価を理解して、毎日を新しい機会とみなし、目標に向かって常に前進している。

では、ここで質問しよう。

後悔しない時間の使い方を学んで、次々と目標を達成し、大きな成果をあげたいだろうか？

おそらく誰もが「ぜひ成果をあげたい」と答えるだろう。意識改革をすれば、それは十分に可能である。

本書の構成

本書では、次の5つのサブテーマを扱うことになる。

パート1では、生産性の本質について説明しよう。生産性を高めるための仕組みの大半がうまくいかず、生産性に関する本を多読するのはやめたほうがいい理由について考える。

パート2では、今の時間に対する認識が、時間を上手に使えていない原因である可能性を指摘し、どう改善すればいいかを説明しよう。

パート3では、自分にとって最も大切なものを見きわめるシンプルな枠組みを紹介して、時間を賢く使うにはどうすればいいかを説明しよう。

パート4では、時間をできるだけ有効に使って生産性を高める方法を紹介しよう。

パート5では、驚異的な集中力を養う方法を紹介しよう。集中力を高めることが生産性向上のカギである理由がわかるはずだ。

時間をうまく使いこなす準備はできただろうか？

では、さっそく始めよう。

PART 1

生産性の本質を理解する

MASTER
YOUR
TIME

第01章

生産性の定義を明確にする

時間を有効に使うためには、より生産的になる必要がある。だが、それはどういう意味だろうか？

まず、「より生産的になる」という表現の意味を明確にしないかぎり、議論を進めることはできない。

そこで、生産性について考えてみよう。**私が考える生産性の定義は、「楽しいと思うことや有意義だと感じることをして、その一方で大切な人と一緒に過ごすこと」である。**

無意味だと感じることをして時間の大半を過ごしつつ、できれば他の場所で他のことをして、他の人と一緒にいたいと願っているなら、時間を有効に使っているとは言えない。

もちろん、それでも組織の中で最も生産的な従業員になることはできるだろう。だが、職場ではなく他の場所にいたいと思っているなら、プライベートのレベルで本当に生産的だと言えるだろうか？

ただし、自分の立場と役割に喜びや楽しみを見いだせなくても、困難な状況の中に意味を見いだすことはできる。たとえば、つらい仕事かもしれないが、それによって家族を養い、子供に明るい未来を約束することができる。ストレスがたまる仕事かもしれないが、人びとの暮らしに役立っているという満足感を得ることができる。退屈な仕事かもしれないが、同僚や顧客と交流をはかることができる。意味を見いだすことができれば、これらも生産的と言える行動だ。

要するに、時間を有効に使うというのは、大切な人のために尽くすのを避けて、いつも気ままに自分のしたいことをすることでは必ずしもないということだ。そのような「自由」はたいてい意味がない。自由とは、他の人たちや何かのために貢献する責任をともなうものである。

もちろん、今の仕事をすぐに辞めるように言うつもりはまったくない。だが、本書でこれから学ぶことを活用して自分の人生を見つめ直し、現在の時間の使い方を改善する必要はある。仕事で生産性を高めたいなら、それでいい。プライベートの時間をより充実させたいなら、それでもいい。本書の内容はどちらの目的にも合致している。

時間をうまく使いこなすコツ

次に大切なのは、有意義な人間関係を築くことだ。死の床に伏しているとき、「ネットフリックスでドラマの続きをもっと見ていたかった」と嘆く人はいないだろう。あるいは、「フェイスブックのニュース記事をもっと読みたかった」とか「インスタグラムにもっと写真や動画を投稿したかった」と悔やむ人もいないだろう。

しかし、あまりにも多くの人がまさにそれをして日々を過ごし、信じられないくらい膨大な時間を費やしているというのが実態だ。ただ、そんな人たちでも死ぬ間際になれば、「家族や友人ともっと多くの時間を過ごしたかった」と思うのではないだろうか。

末期患者の心理を記録した看護師によると、**死を前にした人たちに共通する最も大きな後悔のひとつは、大切な人とふれあう時間が少なかったことだ。**毎日をあわただしく過ごしているうちに、家族や友人との関係がおろそかになっていたのかもしれない。

あなたはどうだろうか？

もし今日死ぬとしたら、誰との関係が疎遠になっていたことを後悔するだろうか？

逆に言うと、大切な人と一緒に過ごし、その瞬間を存分に堪能しているなら、時間を有効に使っていることになる。

もうひとつの重要なことは、仕事であれプライベートであれ、楽しいと思える活動をすることだ。ただし、一日中ずっとビデオゲームに興じ、ジャンクフードを食べ、ユーチューブで愉快な動画を見るという意味ではない。ここで言っているのは、豊かな心をはぐくむ活動をするということだ。ある人にとっては文章を書くことかもしれないし、他の人にとってはダンスをすることかもしれない。また別の人にとっては手を使って何かをつくることかもしれない。

本当に楽しいと思える有意義な活動をしていると、時間の経過を忘れるものだ。それは心から満足する方法で生産性を高めている証しである。

以上のことをまとめると、**時間をうまく使いこなすカギのひとつは、人生のより深い意味を見つけることである。**

仕事に意味を見いだし、有意義な人間関係を築き、ワクワクする趣味を持つことができれば、時間をうまく使いこなしていると言える。

こんなふうに考えてみよう。

死を前にしたとき、稼いだ金額や自宅の大きさをもとに自分の人生を評価しないだろう。毎日が本当に有意義だったかどうか、生きがいがあったかどうかをもとに、この世での時間を評価するはずだ。

そこで、次の質問について、じっくり考えてみる必要がある。

将来、自分の人生に満足し納得するためには、今日、今週、今年、どんな有意義なことに取り組む必要があるだろうか？

このような深い質問に対して、あいまいな答え方をするべきではない。また、一回きりではなく、たえず自分に問いかけるべきだ。

では今日、あなたが取り組む必要のある有意義なことはなんだろうか？

エクササイズ

この章の内容を参考にして、仕事やプライベートでの自分の時間の使い方を振り返ってみよう。自分の人生に満足し、納得できるような、意義深い活動に取り組めているだろうか？

MASTER YOUR TIME

第02章

生産性とは、単なる時間管理術のことではない

本書は時間管理術の本のように見えるかもしれないが、生産性とは単に時間をうまく管理することではない。生産性とはむしろ自分の活動を管理し、その活動により効果的に取り組むことである。

説明しよう。

まず、1時間の価値は変動する。 たとえば、夜に仕事を終えたあとより、朝にエネルギーがあふれているかもしれない。とすれば、あなたにとって、朝の1時間は夜の1時間よりはるかに大きな価値を持っている。実際、朝の1時間は夜の1時間の2〜3倍の価値がある。この時間を有効に使わなければ、生産性を大きく下げることになる。要するに、**生産性は時間の有無に関係しているだけでなく、その時間におけるエネルギーの量とも関係しているる**ということだ。

次に、1時間の価値は、その時間を使って課題に専念することによって高まる。たとえば、朝、本の執筆に1時間を費やすと決めたが、5分ごとにスマートフォンをチェックしているとしよう。こういう状況で、その1時間はどれくらいの価値があるだろうか？　おそらくフルに60分の価値はないはずだ。つまり、生産性を最大化するためには、目の前の課題に100%集中する必要があるということだ。

第3に、1時間の価値は、そのときに取り組む課題に大きく左右される。その課題が自分の目標と合致していればいるほど、より生産的になることができる。そして、ビジョンや戦略が明確であればあるほど、自分にとってより重要な課題に取り組むことができる。

第4に、1時間の価値は、そのときのワクワク感に左右される。楽しいことをしているとエネルギーにあふれ、より生産的になる。自分を奮い立たせることができるし、気が散ることもほとんどない。自分のしていることに情熱を燃やしている人たちは、長年にわたって粘り強さを発揮し、他の人たちよりもずっとエネルギッシュに見える。自分のしていることに情熱を燃やしてワクワクすればするほど、生産性はますます高まる。

以上のように、**生産性とは、ToDoリストにある多くの項目を終わらせるよりも、適切な課題に適切なエネルギーと驚異的な集中力で取り組むことを意味する。**

あなたはどうだろうか？　ふだんの一日の中でエネルギーをどれだけうまく使っているだろうか？

エクササイズ

自分がどれくらい時間を有効に使っているかを調べてみよう。次の各質問に10段階評価（1が最低で、10が最高）で答えよう。

- 毎日、エネルギーのピークを迎える時間帯を最大限に活用しているか？
- 注意をそらすものを排除し、課題に専念しているか？
- 取り組んでいる課題は、長期目標に近づくのに役立っているか？
- 取り組んでいる課題にワクワクしているか？

効果的なエネルギーの使い方

生産性の高さは、大切な活動にどれだけ効率よくエネルギーを割くことができるかにかかっている。効果的なエネルギーサイクルをつくるための6つのポイントについて説明しよう。

① **エネルギーを蓄える。** あなたのエネルギーはかぎられているから、それを蓄える最高の方法は、睡眠を改善し、健康的な食生活を実践し、定期的に運動することである。それをしなければ、エネルギーはどんどん減っていく。

② **エネルギーを集中させる。** 特定の目的に集中して注ぐことができないエネルギーは消えていき、価値がなくなる。いったんそのエネルギーが消えてしまうと、もうそれを取り戻すことはできない。したがって、エネルギーの注ぎ方には慎重を期し、自分にとって理想的な人生をめざそう。そのためには明確なビジョンと健全な戦略が必要である。

③　**エネルギーを割り当てる。**すべてのことを一度にするだけのエネルギーを持ち合わせている人はいない。イタリアの経済学者パレートが提唱した「80対20の法則」によると、活動の20％が結果の80％を生み出す。この法則に従って、より重要な課題に多くのエネルギーを割り当てよう。

④　**エネルギーを投資する。**エネルギーは投資しなければ失われる。いったん重要な課題を見きわめたら、それにエネルギーを投資し、注意をそらすものを排除しよう。

⑤　**エネルギーを補充する。**定期的に休憩をとり、エネルギーのレベルを高く維持しよう。

⑥　**エネルギーを再始動させる。**翌日、この①～⑤のサイクルを再始動させよう。

要するに、エネルギーを蓄え、それを重要な目標の達成に集中して注ぎ、より重要な課題に適切に割り当てることができれば、生産性を高められるということだ。

次章では、生産性の本質をより深く理解するために、生産性を高めるための５つのレベルについて考えてみよう。

MASTER YOUR TIME

第03章

生産性向上のための5つのレベル

生産性を高めるための5つのレベルを定義しよう。それぞれのレベルを理解すれば、時間を有効に使うのに役立つ。これらを生産性を高める効果的な仕組みづくりのためのブロックとして考えよう。レベル1は最も基本的なレベルであり、本書ではそれに照準を合わせる。

それぞれのレベルを大まかに説明しよう。

レベル1　注意をそらすものを排除し、集中力を高める

レベル1の目標は、注意をそらすものを排除して、重要課題に集中することである。

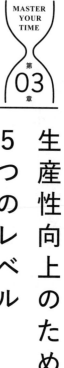

もちろん、一日の中でどれだけ集中力を発揮できるかは、仕事の内容や家庭の状況によって大きく変わる。集中力を45分だけ維持するので精いっぱいかもしれないし、一日の大半を集中して過ごすことができるかもしれない。どれだけの時間を集中して過ごすにせよ、それはとても有益な活動である。

レベル2 エネルギーを高める

レベル2の目標は、エネルギーを高めることだ。生産性をさらに高めるには、すべてのエネルギーを重要課題に集中させなければならない。これはより強いエネルギーをその時間に注ぐことになり、結果として、より多くのことを成し遂げることができる。より多くのエネルギーがあれば、より長く集中力を維持することができるし、家族と一緒に上質な時間を過ごすにせよ、趣味に打ち込むにせよ、副業に励むにせよ、どんな活動をしていても、より充実させることができる。**ただし、エネルギーを高めるためには、基本を徹底しなければならない。それは健康的な食生活を実践し、睡眠を改善し、定期的に運動することだ。**

レベル3　ビジョンを明確にする

レベル3の目標は、ビジョンを明確にして適切な課題に集中することだ。あなたはいくらでも課題に取り組むことができるが、それによって目標に近づいていないなら、なんの意味があるだろうか。だから今日することが自分の目標と合致するために、ビジョンを明確にする必要がある。

私はそれをレベル3に位置づけているが、実際には長期的な生産性向上に不可欠であることを覚えておいてほしい。

パート3で紹介する15の質問（121ページ）に答えよう。このエクササイズはビジョンを明確にするのに役立つ。

レベル4　一日を効果的に計画する

レベル4の目標は、仕組みを最適化して一日を効果的に計画することだ。そうすることによって注意をそらすものを減らし、一日の中で集中力を高めることができる。

パート5では、「CEO（最高経営責任者）、COO（最高執行責任者）、従業員」という枠組みを使って効果的に働く方法を紹介しよう。

レベル5 人とのふれあいをはかる

レベル5の目標は、積極的に人とふれあい、有意義な人間関係を築くことだ。人とどれだけ頻繁に、どれだけうまく関われるかが、生産性に大きな影響をおよぼす。

私は日本での仕事を辞めてフランスに戻り、事業を立ち上げたときに、このことを思い知った。フランスでは親元で暮らしていた1年間ですでに7冊もの本を書いていた。これは自分としては素晴らしい成果である。しかし当時、私は自分の生産性はあまり高くないと考えていた。両親と一緒に実家で過ごしていたので、もし一人暮らしをしたらどんなに仕事がはかどるか想像していた。

そこで2019年の初め、フランスを去ってエストニアに移住した。一人で過ごせば、はるかに多くの時間を仕事に費やし、もっと多くの本を書けると思ったからだ。

ところが、あいにくそうはならなかった。

その年、たった3冊しか本が書けなかったのだ。もちろん、生産性が低下した要因はいくつかあるが、主な要因は、一人暮らしをしていて人とのふれあいがあまりなかったことだと考えている。

人とのふれあいが生産性に直接的な影響をおよぼすことは、複数の研究によって指摘されている。なぜなら人間は機械ではないからだ。私たちは単に働くだけでいいのではなく、他にも大切なことがたくさんある。人とのふれあいが特にそうだが、趣味や睡眠、食生活も大切だ。高い生産性を維持したいなら、人生のバランスをとる必要がある。

人とのふれあいをおろそかにしてはいけない。**新しい人と出会ったり、家族や友人と連絡をとったりするとき、時間を浪費しているわけではない。人とのふれあいを大切にし、仕事やプライベートにおける全般的な生産性を高めるために時間を投資しているからだ。**

本書では、読者がすでに何らかの人づきあいがあるという前提で、人とのふれあいをレベル5に位置づけている。しかし、もし人づきあいがまったくないなら、その優先順位をあげることを検討しよう。そうすることで生産性を大きく高めることができる。

今、あなたは自分がどのレベルにあると思っているだろうか？

ほとんどの人はレベル1にある。つまり、内面（自分の思考）か外面（スマートフォン、SNS、メールなど）でたえず注意をそらしているのだ。その結果、本当に重要な課題をやり遂げるために苦労している。あなたも本書を読んでいるのだから、たぶん同じような状況にあるのかもしれない。だから本書ではレベル1に照準を合わせている。

余談だが、レベル1に照準を合わせたからといって、レベル2を無視して運動をせず、ジャンクフードをたらふく食べ、睡眠をおろそかにしてもいいという意味ではない。また、自分のビジョンについて考えること（レベル3）も、一日の計画を立てること（レベル4）も、人とのふれあいをはかること（レベル5）もしなくていいという意味ではない。ここで言いたいことは、集中力を高めるためにエネルギーの大半を有意義な活動に注ぐべきだということだ。

MASTER YOUR TIME

第04章

生産性を高めるために複雑な仕組みは必要ない

生産性を高めるための効果的な仕組みとは、長期にわたって継続できるものだ。もしあなたの仕組みが持続可能なものでないなら、大きな成果にはつながらない。効果的な仕組みを確立するのに役立つふたつの提言をしよう。

1 生産性向上のツールを重視しない

生産性向上のためのツールはあまり意味がない。ともすると、それがまた注意をそらして仕事の妨げになりかねないからだ。生産性向上のツールには役立つものもあるが、すでに生産性が高い人でないかぎり、あまり役に立たないだろう。紙とペンを使って計画を立て、戦略を練るだけでたいてい十分である。

2 シンプルな方法で徐々に生産性をあげる

生産性の向上について考えるとき、徐々にハシゴを登っていくように少しずつレベルアップするものととらえると効果的だ。一部の生産性を高める仕組みは、他のものよりも複雑である。それらは生産性がかなり高い人には役立つかもしれないが、ほとんどの人には役に立たない。だからそのような仕組みが今まで役に立たなかったとしても、恥じる必要はない。よりシンプルなものを使ってやり直せばいいのだ。より高度な仕組みが必要なら、あとでそれを実行すればいい。

本書では、生産性を大きく高めるためにできることを紹介したい。たとえば、その一環として、長期にわたってひとつの課題にたえず集中する習慣を身につけることだ。これはより高度な生産性を高める仕組みをつくるための第一歩になる。

次章では、先延ばしの本質と、仕事を避けようとする傾向を克服する方法について説明しよう。

エクササイズ

生産性をあげるために今している方法を書いてみよう。それは役に立っているか？　もし役に立っていないなら、よりシンプルで効果的なものにするにはどうすればいいだろうか？

MASTER YOUR TIME

第05章

先延ばし癖の本質とそれを克服する方法

現実を直視しよう。誰もがときおり課題を先延ばしにする。だが、いつも慢性的に課題を先延ばしにしているなら、この章はあなたの成長に不可欠である。

先延ばし癖を克服するためには、モチベーションがどう働くのか、なぜ課題を先延ばしにしてしまうのかをまず理解する必要がある。いったんそれを理解すれば、無力感を抱かせるこの習慣を変えることが容易になる。

先延ばしの理由は次のようなものだ。

1 目標が明確ではない
2 現状に対する認識が不十分である
3 集中力が乏しい

4　自己不全感にさいなまれている
5　切迫感がない
6　効果的なルーティンがない
7　注意をそらす要因がある
8　やることがいっぱいで身動きがとれない

以上の理由をひとつずつ深掘りしていこう。その中で、自分がふだん課題を先延ばしにしている主な理由を見きわめる必要がある。

先延ばしの理由1　目標が明確ではない

目標が明確ではないというのは、次の点を理解していないことを意味する。

①なぜその課題が重要なのか？
②自分は何をする必要があるのか？

③その課題にどう対処すればいいのか？

それぞれについて詳しく説明しよう。

①なぜその課題が重要なのかよくわからない

何らかの課題が与えられたとき、なぜそれが重要なのかを理解していないなら、モチベーションを高めるのは困難である。だからそれに取り組むべき理由を見きわめなければならない。たえず課題を先延ばしにしているなら、その課題が本当に重要だと思っているかどうかを自問しよう。もし納得のいく理由が見つからないなら、次のことをする必要がある。

- 課題に取り組むべき理由を見きわめ、その答えを書きとめる。
- 課題をやり遂げなければ、長期的にどんな影響があるかを考える。
- 課題をやり遂げたら、どんなに自信がわいてくるかを想像する。
- 課題は意外と簡単だと自分に言い聞かせて、とにかく取りかかる。

② 自分が何をする必要があるのかよくわからない

課題を先延ばしにするもうひとつの理由は、何をする必要があるのかがよくわかっていないことだ。最終的にどのような結果になるのかを想像できないので、心の中で抵抗を感じ、そのために課題に取りかかれなくなっている。

そこで次のことを自問しよう。

- 課題に取り組むことで、何を成し遂げようとしているのかを理解しているか？
- 課題をやり遂げると、最終的にどのような結果になるのかを想像できているか？

もしそれができないなら、次のことを試してみよう。

- 紙とペンを用意し、何を成し遂げようとしているかを正確に書く。
- 何を期待されているかを明確に教えてほしいと上司に依頼する。

何をする必要があるのかが明確になれば、課題に取りかかるのが容易になる。

③ その課題にどう対処すればいいのかわからない

最終的にどのような結果になるのかはわかってはいても、それにいたる道筋がわかっていない可能性がある。課題の対処法がわからないと、抵抗を感じて先延ばしにつながりやすい。もしそういう状況にあるなら、次のことを試してみよう。

- 課題をやり遂げる計画を書く。
- 同様の課題をすでにやり遂げた人に尋ねて、最善の対処法を見きわめる。
- できるだけ効果的に課題に対処するためにインターネットでヒントを探す。

以上のように、課題を先延ばしにしがちなのは、怠け者だからではなく、課題対処への道筋があいまいだからかもしれない。課題を先延ばしにしていることに気づいたら、次のことを知っておく必要がある。

・なぜそれをやり遂げなければならないのか？
・課題をやり遂げると、最終的にどのような結果になるか？
・その課題に効果的に対処するにはどうすればいいか？

先延ばしの理由2　現状に対する認識が不十分である

先延ばしという行為は、課題に取りかかることに対する抵抗を示しているが、先延ばしがなぜ起こるのかについてよく理解していないことも意味している。認識が不十分な理由は次のとおりである。

①モチベーションについて誤解している。
②先延ばしのもととなる心理的な障害に気づいていない。
③先延ばしについての間違った思い込みにとらわれている。

それぞれの理由について詳しく説明しよう。

①モチベーションについて誤解している

モチベーションは、生産性に関するすべての問題を解決する魔法のツールではない。たいていの場合、行動を起こせば、モチベーションがわいてくる。つまり、何かをするために、あらかじめモチベーションを持っている必要はないということだ。これはいわゆる「モチベーションの神話」といわれるもので、それを信じると、ますます課題を先延ばしにしてしまう。その結果、「モチベーションがわいてきたら、行動を起こすつもりだ」と永遠に自分に言い聞かせるはめになる。

当然、こういう理屈は間違っている。これは「感情的な理屈づけ」と呼ばれるもので、何かをする前に何らかの感情を持たなければならないという意味である。もしそれが真実なら、誰も行動を起こせないことになる。幸いなことに、何かをするために、それをしたいという気分になる必要はない。いったん行動を起こせば、それをしているうちに、やがてモチベーションがわいてくるはずだ。

② 先延ばしのもととなる心理的な障害に気づいていない

今、何かを先延ばしにしているなら、心理的な障害が立ちはだかっている。もしそうだとすれば、自分を責めるのではなく、心理的な障害の本質を見きわめる必要がある。

心理的な障害の具体例を指摘しよう。

- 心の中で課題が実際よりも難しくなっている。
- 課題に取り組むべきだと十分に確信していない。たぶんそれはあなたの価値観に反するのだろう。きっと他のことをしたいに違いない。あるいは、タイミングが悪いと思っているのかもしれない。

心理的な障害を克服するために、次のことを試してみよう。

- 難しそうに見える課題を細分化し、抵抗を感じずに取りかかれるようにする。
- 紙とペンを用意し、「この課題に取りかかるのを妨げているものは何か?」「この課題に取りかかるには何が必要か?」と自分に問いかけよう。

③ 先延ばしについての間違った思い込みにとらわれている

脳は子孫を残して遺伝子を受け継がせて、私たちが生き残れるように設計されている。だから生命を脅かす状況だと認識しないかぎり、脳はエネルギーを使おうとしない。脳は安全が確保されていると認識すると、不快なことや困難なことを求めるのではなく、現状を維持しようとする。

私たちの祖先は寒さから身を守らなければならなかったとき、温かく過ごすための衣服をつくるのを先延ばしにしなかった。ところが現代においては、人びとは生命を脅かす状況が発生するまで、たいてい何年も何十年も課題を先延ばしにしがちである。実際、生命を脅かす状況はめったに発生しない。その結果、多くの人はなかなか課題に取りかかろうとせず、後ろめたさを感じているが、生き残ることはできる。

つまり、「古い」脳を使って行動している人たちは、単に生き残っているだけなのだ。先延ばしをやめるためには、単に生き残るのではなく、行動を起こして成果をあげると決意しなければならない。行動を起こすというのは、そういう気分になるかどうかに関係なく、すべきことをするということだ。

先延ばしのもうひとつの理由は、先延ばしに対して奇妙な幻想を抱いているからだ。先延ばしをするとき、唯一の現実である今この瞬間を無視して、想像上の自分に課題を代行するように依頼している。そうすることによって、まだ存在していない未来の自分に重荷を背負わせているのだ。このやり方にはふたつの大きな問題がある。

- **今この瞬間を有効活用できない。**あなたは現在においてのみ行動することができる。今、行動せずに、未来の自分に責任を負わせてしまうと、今この瞬間に責務を果たす貴重な機会を逃すことになる。有効活用しなかった時間は永遠に失われる。
- **未来の自分が成長しない。**未来のあなたは、現在のあなたが行動を起こした結果である。課題を先延ばしにするとき、「未来の自分は現在の自分より賢く、強く、意欲的だ」という幻想に惑わされることになる。だが、それは論理的ではない。今この瞬間にそうなるように努力する場合においてのみ、未来のあなたは現在のあなたより賢く、強く、意欲的になることができるのだ。

つまり、課題を先延ばしにするとき、今この瞬間を軽視し、未来になれば、自分をより律することができると信じているが、実際にはそうではないということだ。

今この瞬間に行動を起こそう。未来の自分がより賢く、より強く、より意欲的になるために。それこそが望んでいることを成し遂げるカギである。

先延ばしの理由3　集中力が乏しい

昨今、集中力はますます希少になっている。実際、ほとんどの人が何かをして数分もたたないうちに集中力を乱している。人びとは一日に何十回もスマートフォンやSNSをチェックしているのが現状だ。たしかにこれは問題だが、けっして最大の問題ではない。

困ったことに、近年、私たちはたえずスマートフォンやSNSをチェックすることによって、過度な刺激を受けがちである。このような状況では困難な課題や複雑な課題に取り組みにくい。それらの課題に取り組みたいのかもしれないが、それができないのだ。

パート5では、注意をそらすものを排除し、刺激のレベルを低減するために何ができるかを探っていこう。

先延ばしの理由 4 自己不全感にさいなまれている

あなたを押しとどめている最大の要因は、「自分は何も満足にできない」という自己不全感から来る不安かもしれない。もしそうなら、前進するための第一歩は、不安にさいなまれていることを認めることだ。

覚えておこう。たとえ何かをするのが不安でも、それをすべきではないとか、それができないということではない。

実際、世界で最も才能のある人たちの多くが、「自分は何も満足にできない」と思い悩みつつも、果敢に行動を起こして大きな成果をあげている。次の二人の発言を読めば、それがよくわかるだろう。どちらも二度にわたってアカデミー主演女優賞に輝いたハリウッドきっての名優である。

「アカデミー主演女優賞をいただいたとき、きっとこれは何かの間違いだと思いました。だから実力がないことがばれて、賞の返還を求められたらどうしようかと不安でした。関係者が私の自宅を訪ねてきて、玄関のドアをたたきながら、『すみません。あの賞はメリル・ストリープさんに贈るべきでした』と言うのではないかと心配でならなかったのです」

ジョディ・フォスター

「私が出ている映画をもう一度見たいと思う人がいるでしょうか。演技力なんてまるでないのに、なぜこんな仕事をしているのかよくわかりません」

メリル・ストリープ

このような場合、あなたならどうするだろうか？

自己不全感に対処するためにできることはたくさんあるが、その第一歩は「自分は何も満足にできない」という不安にさいなまれても、それを乗り越えて行動し、有意義な取り組みを続けようと決意することだ。

究極的に、あなたにはふたつの選択肢がある。

選択肢1　自己不全感に悩んでいるので、課題をやり遂げるのをあきらめる。
選択肢2　自己不全感に悩んでいても、課題をやり遂げるために全力を尽くす。

どちらの選択肢を選ぶかによって、未来は正反対になる。あなたが悩んでいる自己不全感は軽減するかもしれないし、しないかもしれない。だが、たとえ自己不全感が軽減しなくても、課題をやり遂げるのをあきらめるべきではない。

自己不全感を軽減するためにできることを紹介しよう。

- **自分が常にベストを尽くしていることを認識する。** 現時点で持っているもので頑張っている（すべての人がそうだ）のだから、自分を正当に評価しよう。
- **自分の伸び代はまだあることを理解する。** 人生を旅とみなそう。そして、目の前の課題に全力で取り組めば、まだまだ伸びることを知ろう。

- **常に学んでいるという姿勢を身につける。** 何かを成功して初めて適格だという考え方を改めよう。それはまったくの幻想だ。そして、その過程で自分が進歩を遂げていることを楽しもう。いずれにせよ、私たちは世の中で知ることができることのほんの一部しか知ることができないのだから。
- **自分が完璧になることはないと悟る。** 自分が何かに対して完璧になることができるとか、そうなるべきだという考え方を捨てよう。どの時点で自分は完璧だと判断できるのか？　自分の完璧さをどうやって測定するのか、そしてそれはどれくらい長く持続できるのか？　こういう不安は多大な苦しみをもたらす。

以上のことをまとめると、気分が乗るかどうかに関係なく、自分がすべきことをするということだ。人生のいくつかの分野ではまだ不完全かもしれないが、やがて向上する。そこがおもしろいところなのだ。人生の旅を楽しもう。自分や世の中について新しいことを学ぶ喜びにひたり、全力を尽くして目の前の課題をやり遂げよう。

先延ばしの理由5　切迫感がない

もし今日、今週、今月、課題を終えなかったら、どうなるだろうか？　その直接的な結末はどうなるだろうか？

たいていの場合、私たちが課題を先延ばしにするのは、それだけの余裕がある（あるいは、そう思い込んでいる）からだ。時間がたくさんあればあるほど、課題を先延ばしにして時間を空費してしまいやすい。

考えてみよう。編集者が締め切りを設定しなければ、どれくらい多くの作家が本を書き上げるだろうか？　提出期限が設定されなければ、どれくらい多くの学生が論文を書き終えるだろうか？　期日が設定されなければ、どれくらい多くのプロジェクトが放置されるだろうか？

先日、スウェーデンの大学で修士号の取得をめざしているパキスタン人と話をしたところ、あの国では学生に対して論文の締め切りが設定されないことがよくあるそうだ。その結果、多くの学生は興味がなくなると研究テーマを変更するらしい。自由研究の意義は理解できるが、多くの学生にとって締め切りがないことは逆効果だ。

要するに、期日までに課題をやり遂げなければならないという切迫感がないと、それを先延ばしにしやすいということだ。だからもし課題を先延ばしにしていることに気づいたら、「締め切りを設定しているか？」と自問しよう。そして、課題をやり遂げなければ、どんな結末が待ち受けているかを考えよう。

切迫感を持つためには、次の項目のどれかを実行する必要がある。

- **締め切りを設定する。** 可能な範囲内で挑戦的な締め切りを選ぼう。これは切迫感を持つのに役立つ。
- **責任を持てる仕組みを確立する。** たとえば、コーチを雇うか、パートナーと一緒に働いて、課題に対する責任を持てるようにするといい。
- **大きな課題を細分化する。** 課題を細かく分けることによって、どんなに大きな課題でもなんとかなりそうな気になる。人気作家のスティーヴン・キングは「どうやって本を書いているのか？」と尋ねられたとき、「1単語ずつ書いている」と答えた。それと同様に、万里の長城はひとつずつ石を積み上げて築かれた。

- **定期的に進捗状況を把握する。**いくつかの節目に分けて自分のペースを確認しよう。遅れているなら、どうすれば追いつけるだろうか？　経営学者のドラッカーは「進捗状況を把握できれば、いずれ成し遂げることができる」と言っている。

先延ばしの理由6　効果的なルーティンがない

効果的なルーティンを持っているだろうか？　もし持っていないなら、それが先延ばしにつながっているかもしれない。

私たちはしたいときにしたいことができるという幻想を抱きがちだが、人間は基本的に習慣の生き物である。たとえば、私は本書を書きながら自由を楽しんでいる。上司はいないし、好きなときに好きな場所で働くことができる。その気になれば、数週間も数か月も休暇をとることすらできる。

しかし、そのような「自由」は落とし穴だと思う。**無限の自由があっても、人間は幸せになれない。自分を律しなければ、遅かれ早かれ、誰もが怠けてしまう。挑戦をやめると成長が止まる。その結果、人生の意味を失うことになる。**

要するに、有意義な人生を送るには効果的なルーティンが不可欠なのだ。ルーティンは重要課題に取り組むのに役立つ。したがって、自分の先延ばし癖に気づいたら、毎日、仕事に取りかかるためのルーティンを確立すべきである。

とはいえ心配は無用だ。ルーティンは複雑なものである必要はない。むしろシンプルなものでいい。たとえば、深呼吸を数回するとか、机の上を整理するといったことで十分だ。あるいは、お茶を飲むとか好きな歌を聴くといったことでもいい。

効果的なルーティンを確立するカギは、そのルーティンをきっかけに、とにかく課題に取りかかることだ。5分か10分でも集中できれば、そのあと長く取り組める可能性が高い。毎日、同じことを実行すれば、そのプロセス全体がより簡単に自動化できる。

効果的なルーティンを次の方法で確立しよう。

- 気持ちを落ち着かせて心の準備をするのに役立つシンプルな習慣を身につける。
- 毎日、その習慣を繰り返す。
- やる気がわかなくても、とにかく課題に取りかかる。

効果的なルーティンを確立する方法については、パート5で詳しく紹介しよう。

先延ばしの理由7　注意をそらす要因がある

自分を取り巻く環境は生産性を高めるためのレベルに直接的な影響をおよぼす。だから環境を最適化すれば、生産性を高めることができる。しかし、それがうまくいかないと、先延ばしにつながりやすい。一般的なルールとしては、次のようになる。

生産的な活動に関わるのがたやすければたやすいほど、行動できる可能性が高くなる。そして、その逆も真実である。したがって、次のことをすれば、自分を取り巻く環境を最適化することができる。

- 非生産的な活動をする習慣が身につきにくい工夫をする。
- 生産的な活動をする習慣が身につきやすい工夫をする。

なぜこのやり方が効果的なのかというと、人間は基本的に怠け者だからだ。つまり、私たちは何らかの工夫をしなければ、生産的なことをしなくなるのである。そこで、次の工夫をするといい。

- スマートフォンが気になるなら、電源を切るか別の部屋に置く。
- フェイスブックが気になるなら、それをブロックするアプリを使う。
- ネットサーフィンで時間を浪費しているなら、Wi-Fiやモデムをオフにする。

覚えておこう。**非生産的な活動をする可能性を低くするためには、注意をそらす要因を減らせばいい。** たとえば、スマートフォンの顔認証や指紋認証といった便利な機能をオフにすると、スマートフォンをチェックする回数が減る。

それと同様に、生産的な活動をする可能性を高くするには、次の工夫をすればいい。

- パソコンで何らかの課題に取りかかりたいなら、それと関連のあるファイルやフォルダーにアクセスしやすくする。

- 朝、ジョギングをしたいなら、前夜にその準備をしておく。
- 何らかの課題に取り組む3か月の計画を立てたなら、予定表を机の上に置くか壁に貼り、毎日それを見て課題に取りかかれるようにする。

先延ばしの理由8 やることがいっぱいで身動きがとれない

これ以上何をしたらいいのかわからず、精神的な負担を感じていないだろうか？身動きがとれないまま、何をすることもできないと感じていないだろうか？

課題を先延ばしにしているのは、精神的な負担を感じているからだろう。まだやり遂げていない課題が山積しているのかもしれない。そんなとき脳は思考停止に陥りやすい。

身動きがとれなくなったと感じたら、次のことをやってみよう。

- **紙とペンを用意し、やり遂げる必要のある課題を書いてみる。**

- **できるだけ多くの課題をやり遂げるための時間を確保する。**そして、最も簡単な課題から始めて、ひとつずつ片づけていこう。あるいは、ずっと先延ばしにしてきた大きな課題に取りかかり、100%やり遂げよう。そうすることによって驚異的な勢いがつき、次々と課題をやり遂げる原動力になる。

これで先延ばしの理由と対処法がわかったはずだ。もちろん、今後も課題を先延ばしにすることはあるにせよ、いったんその理由を理解し、適切な戦略と習慣を実行すれば、いつでも好スタートを切れる。

覚えておこう。**今日は人生で常に最も重要な日である。先延ばしとは、その現実を無視して、「明日やればいい」という幻想を抱くことだ。今日をうまく活用しよう。そうすれば、人生はおのずとうまくいく。**

エクササイズ

1 各項目について10段階(1が最低で、10が最高)で自分の傾向を評価しよう。

- 何をどうしたらいいのかよくわからない。
- モチベーションがわいてくるのを待っている。
- 集中力が続かないので、難しい課題を成し遂げることができない。
- いい仕事ができないことを恐れている。
- 締め切りがないので切迫感がない。
- 課題に取りかかるためのルーティンを確立していない。
- すべきことが多すぎて身動きがとれない。

2　最近、先延ばしにした課題を選び、1の各項目を参考に先延ばしにした理由を考えてみよう。

3　その課題に取りかかるためにできることをひとつ書いてみよう。

PART

2

時間に対する認識を改める

時間に対する認識は、時間の使い方に大きな影響をおよぼす。いったん時間に対する認識を改めると、それまでよりもはるかに生産的になっていることに気づくだろう。

パート2では、時間を最大限に活用するために、時間に対する認識を改める方法を紹介しよう。それは過去・現在・未来を上手に使うことから始まる。

MASTER YOUR TIME

第06章

過去と未来を有効に使う

実際には時間というものは存在しない。あなたは常に今この瞬間に生きているからだ。過去にさかのぼったり未来を想像したりするときも、現在において頭の中で考えているだけである。言い換えると、今この瞬間は現実だが、過去と未来は私たちが「時間」を最大限に活用し、自分にとってよりよい「未来」をつくるために使っているメンタルモデルにすぎないということだ。

なぜ過去と未来というメンタルモデルをうまく活用することが重要なのか？

私たちはそのメンタルモデルを間違って使う傾向があり、そのために苦しみが生み出されたり、生産性を大きく低下させたりしているからだ。

ふだん過去と未来をどのように間違って使っているか、そしてその傾向をどうすれば改善できるかを説明しよう。

過去を有効に使う

過去は、今この瞬間に思い出している記憶でしかない。つまり、過去はもう存在しないのだ。ところが多くの人は過去にとらわれて生きている。過去を間違って使う方法は次のとおりだ。

- 過去に起こったことを残念がる。
- 過去の出来事を変えようとして膨大なエネルギーを浪費する。
- 過去にしてしまったことを恥じたり後ろめたく思ったりする。
- 過去を理想化する。

過去は「終身刑」のように囚われるものではなく「人生の教訓」のように活かすものである。過去は未来を予測するものではない。過去を上手に使うためには、教訓を学び、それを今この瞬間に活かし、よりよい未来を切り開く知恵を深める必要がある。

もちろん、ときおり過去にさかのぼることは間違っていない。だが、その目的は、自分を責めることではなく、今この瞬間を改善することでなければならない。それについて、より具体的に説明しよう。

- **うまくできたすべてのことに意識を向ける。** 些細なことも含めて、自分のこれまでの成果をすべて思い出そう。それを目標達成のための発奮材料として使おう。
- **勇気を出したときのことを思い出す。** 恐怖を乗り越えて行動を起こしたことを振り返ろう。難しそうに見えたが、勇気を出してやってみたことを思い出し、自分に誇りを持とう。
- **ネガティブな出来事にポジティブな意味を与える。** 「その出来事から何を学んだか?」「それを成長に結びつけるにはどうすればいいか?」と自問しよう。ネガティブな経験に見えることでも、ポジティブな意味を探そう。
- **自分に思いやりを持つ。** 自分がその時点で何かについてよく知らなかったことを理解しよう。もし知っていたら、まったく違う行動をとっていたはずだ。自分に思いやりを持つことは精神衛生上とても大切である。矛盾しているように聞こえるかもしれないが、自分にもっと優しくすれば、より多くのことを成し遂げて、気分よく過ごすことができる。

- **過去の嫌な出来事を解き放つ練習をする。** 過去の嫌な出来事を何度も振り返っていないだろうか？　もしそうなら、自分と相手の両方を許して自由になろう。
- **過去を現在とは別のものとみなす。** 過去の重荷のために精神的に落ち込むのではなく、過去をすでに終わったものとして受け入れよう。そのためには、過去を鎖とみなし、それが足かせとなって自由に動けないことを理解するといい。そのうえで、自分がその鎖を解き放っている様子をイメージしよう。過去の重荷に邪魔されず、今この瞬間に生きる気分を楽しもう。必要に応じて、このエクササイズを繰り返すといい。

エクササイズ

過去を間違って使っている方法を具体的に書いてみよう。そして、意識を向けるべきことを書いてみよう。たとえば、勇気を出したときを思い出す、自分の成果を振り返る、などなど。

未来を有効に使う

他のすべての人と同様、あなたには想像力という素晴らしい才能が与えられている。

では、その才能をどう使えばいいのだろうか？

自分がつくり出したい未来を想像し、それを現実にするには、今、どんな行動をとったらいいのかを考える必要がある。言い換えると、未来の計画を立てるために、想像力という才能を使えばいいのだ。

未来の計画を立てると、その時間にすべきことを見きわめて、他のすべてのことをやめることができる。これは注意をそらすものを排除し、明確な未来への道筋を描くことにつながる。また、未来の計画を立てると、起こりうる問題を予想し、問題が起きたらすぐに対処するための方策を練ることができる。

いったん未来の計画を立て終わったら、ビジョンを実現するワクワク感を体験することができる。その結果、さらにモチベーションが高まり、計画を現実にするために必要な作業をやり遂げるのに役立つ。

残念ながら、ほとんどの人は効果的な計画を立てるために想像力を使うのではなく、未来の心配をするために莫大なエネルギーを浪費している。これは想像力の無駄づかいだから避けるべきである。たとえば次の行為がそうだ。

- まだ起きていない未来の出来事を過度に心配する。
- うまくいかないかもしれないことに意識を向けすぎる。
- 未来の出来事を過度に想像して不安に思う。

以上のことを避けて、次のように想像力を上手に活用しよう。

- **目標を思い浮かべてワクワクする。**すでに目標を達成した様子を想像すると、ワクワクして現在の行動に力を注ぐことができる。
- **未来の出来事が計画どおりに進行している様子を想像する。**未来の時点でうまくいっている様子を思い浮かべよう。

- **うまくいかない可能性のあることを見きわめる。**最悪の事態に備えておけば、実際にそういう事態になったときに素早く対応することができる。だから最悪のケースを想定し、自分がそれをうまく処理している様子を想像しよう。
- **未来の出来事を想像の中でふくらませすぎてはいけない。**これから先の出来事に対してたえず不安を抱いていることに気づいたら、今この瞬間にできるだけ準備をしよう。そうすれば不安をやわらげることができる。心配事の内容と、それについてできることを書き出してみよう。

想像力は、今この瞬間を最大限に活用するのに役立つツールである。未来の計画に沿っていないことは、「タイムトラベル」をする能力の間違った使い方である。この魔法の能力を間違って使っていることに気づいたら、すぐに改善しよう。

エクササイズ

1 自分の未来について想像力を間違って使っていたら書こう。

2 最もワクワクする目標を達成している様子を想像してみよう。

現在を有効に使う

今この瞬間は、あなたが持っている唯一の時間だ。何をし、考え、感じようと、すべては今この瞬間に起きている。

今この瞬間は、魔法が起きている時間だ。今この瞬間、楽しい思いをし、有意義な仕事をし、周囲の人とより深いつながりをつくることができる。今この瞬間を大切にすればするほど、人生はよりよいものになる。

しかし、**過去にこだわり、未来について心配していると、今この瞬間の価値は失われる。現実から離れて架空の世界に生きているからだ。その結果、時間を空費するこ**

とになり、しかもその時間はもう取り戻すことはできない。

幸いなことに、そんなふうになる必要はない。

今この瞬間をなりたい自分になるために活用しよう。まず、毎日を真剣に受けとめる練習をする必要がある。究極的に、一日は人生の小さな単位だ。言うなれば「微小な人生」である。今日、みじめな思いで一日を過ごすなら、みじめな思いで「微小な人生」を過ごしている。このプロセスをずっと続けていると、望んでいる人生とはかけ離れた生き方をすることになる。

どの一日もきわめて貴重であり、明確な目的を持たずに漫然と過ごすべきではない。ただし、毎日、すべての瞬間において生産的であるべきだと言っているのではない。時間の使い方をより明確にすべきだと提案しているのである。

では、どうすればいいか？

一日の中の活動が、①有意義で、②楽しく、③挑戦的で、④思い出に残り、⑤自尊心を高め、⑥効果的で、⑦健康に役立つかどうかを基準にして、時間の使い方を明確にすればいいのだ。

以上の7つの基準については、パート3で詳しく説明しよう。

毎日を「微小な人生」とみなすと、多くの人生を持つことになり、やり直しの機会にたくさん恵まれる。

自分に投げかけるべき重要な質問を紹介しよう。

今日していることを継続したら、5年後には目的地に到達できるか？

たとえば、これまでの5年間を振り返ったとき、「素晴らしかったし、有意義だったし、価値のあるものだった」と満足するか、「結局、この5年間はなんだったのか？」と不満に思うか、どちらだろうか？

毎日を思い出に残るものにするためには、朝起きたら少し時間をとって、「これから迎える一日を大切にしよう」と誓う必要がある。毎日を単なる新しい一日ではなく、人生そのものとみなそう。一日が人生のほんの一部にすぎないからといって、そのエッセンスが変わるわけではない。スティーブ・ジョブズの名言を引用するなら、「毎日を人生最後の日として扱う習慣を身につけよう。いつかそれは本当に最後の日になるのだから」。

では、毎日をできるだけ大切にするために身につけるべき4つの習慣を紹介しよう。

習慣1 今日という日に感謝する

毎朝、目を覚ましたら、これから迎える一日に感謝しよう。新しい一日を与えてくれたことに対して、宇宙に感謝しよう。感謝をささげながら一日のスタートを切ることは、新しい「微小な人生」を祝うための素晴らしい方法である。

カリフォルニア大学デービス校の心理学者ロバート・エモンズ教授は、こう言っている。

「感謝しながら生きることとは、人生の素晴らしさを認識することから始まる。ふだん受けている恩恵は感謝すべき贈り物であり、当然の権利とみなすべきではない」

感謝の気持ちは、今この瞬間に根ざしていて、人生ですでに恵まれている数々の素晴らしいものを認識するきっかけになる。もし過去にこだわったり未来について思い悩んだりして、**今この瞬間をないがしろにしているなら、今日という日に感謝することとは特に大きな意味を持つ。**いつもむなしい気持ちにさいなまれているのは、時間の有効な使い方ではない。感謝の気持ちは、そういうネガティブな心の持ち方を改善するのに役立つ。

さまざまな研究によって、感謝の気持ちが多くの恩恵をもたらすことがわかっている。エモンズ教授は特に次の点を強調している。

- 2週間、感謝の日記をつけると、ストレスが28％やわらぎ、抑うつ状態が16％軽減する。
- 感謝の気持ちはストレスホルモンを23％減らす。
- 感謝の手紙を書くと、自殺志願者の88％が絶望を克服し、94％が楽観的になる。

感謝しながら新しい一日のスタートを切ることは、単純すぎて無意味なように思えるかもしれない。しかし、これから過ごす一日を大切にしないなら、日々を漫然と過ごして「明日やればいい」とたえず自分に言い聞かせることになる。その日の明確な目標を持たなければ、自分が追求している理想的な人生を送ることはできない。

新しい一日を大切にするためのセリフを紹介しよう。

- 「新しい一日をありがとう。私はそれをできるかぎり有効に使う」
- 「今日は私の人生で常に最も重要な日だ」

- 「今日は過去を解き放って新しい気持ちで再出発するための機会である」
- 「今日が人生で最後の日になるかもしれないというつもりで真剣に生きよう」
- 「今日を最大限に活用することによって最高の人生が手に入る」

感謝の気持ちを持って毎日を過ごしているだろうか？　もしそうでないなら、感謝の気持ちをはぐくむために、毎日、何をすることから始めればいいか考えてみよう。

習慣2　一日の計画を立てる

今日という贈り物を正しく認識することができたら、少し時間をとって、それを最大化する方法を考える必要がある。そのためには意識を向けるべき活動を計画すればいい。**一日の計画を立てることは、今日という日を大切に思っている証しである。**ちょうど結婚式の計画を立てることが、もうすぐ配偶者になる人との関係を大切に思っているのと同じことだ。一日の計画を綿密に立てると、より生産的で充実した時間を送ることができる。

一日の計画を立てるためには、紙とペンを用意して、その日にしたいことを書きとめると効果的だ。その際、次の問いを自分に投げかけよう。

- 今日を素晴らしい日にするにはどうすればいいか？
- 今日を思い出に残る日にするにはどうすればいいか？
- 理想のビジョンに近づくためにはどうすればいいか？

カギを握るのは、最重要課題に取り組んで、それをやり遂げることだ。これこそが高い生産性を実現するうえで最大の秘訣である。それについてはパート5で詳しく述べるとして、ここではごく簡単に説明しておこう。

最重要課題を朝一番に予定するか、それができなければ、一日の中で適切な時間を設定し、その課題を優先しよう。「今日のうちに必ずそれをやり遂げる」と誓おう。

その日の課題を書きとめながら、その日付（年月日と曜日）を書こう。その際、今日が本当に大切な日であることを自分に言い聞かせよう。今日の重要性を肝に銘じるために、数秒間、その思いに集中しよう。

要するに、一日の計画を立てることは、目標を明確にして時間の価値を高めることにつながるのだ。こんなふうに毎日の計画を立てれば、生産性は飛躍的に高まる。

習慣3 自分の義務を果たす

いったん一日の計画を立てたら、100%やり終えるまで最初の課題に集中しよう。そして、次の課題についても同じプロセスを繰り返し、それをやり終えたら、さらに次の課題に取りかかろう。そのときに役立つテクニックがある。

計画を立てる人と、それを実行する人を頭の中で区別しよう。計画を立てるときは自分をCEO（最高経営責任者）とみなし、課題に取り組むときは自分を従業員とみなすのだ。

あなたは従業員として考えすぎずにその課題に取り組みさえすればいい。CEOの計画立案能力を信頼すれば、長い目で見ると、望んでいる成果を得ることができる。

ふたつの役割をうまく使い分けることによって、たいてい次の恩恵を受けることができる。

- モチベーションがなくても、課題をやり遂げることができる。
- 意思決定が早いので、優柔不断になるのを防ぐことができる。
- 役割分担が明確なので、課題に取り組むときに混乱を減らすことができる。

以上の点については、パート5で詳しく説明しよう。

習慣4 ゆったりとした時間を過ごす

もし私が映画『マトリックス』に登場するネオのように、「時間の速度を遅らせることができる」と言ったらどうだろうか？

もちろん、それは冗談である。そんなことは誰にもできない。

しかし、時間の速度を遅らせることはできなくても、心を落ち着かせて、ゆったりとした時間を過ごすことはできる。それをしているとき、より多くの時間を持ち、時間をよりコントロールしているように感じるだろう。そのためには、すぐあとで紹介する気づきのエクササイズ、呼吸のエクササイズ、瞑想のエクササイズを実行するといい。

それらのエクササイズは心を落ち着かせ、現在をより深く探索するのに役立つ。その結果、過去のことを悔やんだり未来のことを心配したりしてネガティブに考えることが少なくなる。不快な思考がわき起こることもあるかもしれないが、その力は弱まり、より簡単に解き放つことができる。今この瞬間はより鮮明になり、集中力は飛躍的に高まる。要するに、不快な思考が遠のくにつれて、現実にフォーカスしやすくなるということだ。

これがゆったりとした時間を過ごすことの力である。今この瞬間にフォーカスすればするほど、自分が時間をコントロールしていると感じることができる。その結果、より少ないことをしていると感じているのに、より多くのことを成し遂げることができる。これがゆったりとした時間を過ごすことのパラドックスである。

たとえば、私は本を書くとき、執筆と瞑想を交互におこなっている。つまり、1時間ほど執筆をしたら、15分か20分ほど瞑想をするのだ。その結果、執筆に戻ると、心が落ち着いて、ネガティブな思考がほとんどわき起こらなくなる。

要するに、心を落ち着けて、ゆったりとした時間を過ごすと、仕事が速くなって生産性が向上し、しかもストレスがかなりやわらぐということだ。

私がいつも興味深く感じるのは、その道の達人が常に心を落ち着かせて、自分をしっかりコントロールしていることだ。重要な仕事があるからといって、名経営者が職場でバタバタしていたり、武道の名人や一流の音楽家がパフォーマンスの前に大慌てで準備したりしている姿を見かけることはめったにない。大成功している人たちは常に心を落ち着けて集中力を研ぎ澄ましている。そうすることによって、どのような状況でも素晴らしい仕事をすることができるのだ。

あなたはどうだろうか？　一日の中で心を落ち着かせて、ゆったりとした時間を過ごしているか、たえず何かに振り回されてバタバタしているか、どちらだろうか？

ゆったりとした時間を過ごすためには、課題に取りかかる前に少し時間をとって、次のシンプルなエクササイズを実行しよう。

気づきのエクササイズ

- 五感（視覚、聴覚、触覚、味覚、嗅覚）のうちのひとつにフォーカスしよう（たとえば聴覚から始めて、それまで気づかなかった音を聞く）。

- 次に、別の感覚にフォーカスして同じことをしよう。
- それぞれの感覚について、このエクササイズを繰り返そう。
- 最後に、五感を同時に意識しよう。

呼吸のエクササイズ

呼吸法のエキスパート、グルチャラン・シン・カルサ博士とヨギ・バジャン博士が提唱している呼吸法を実行しよう。

- 1分間に息を吸って吐くサイクルを8回（ストレスをやわらげるのに役立つ）
- 1分間に息を吸って吐くサイクルを4回（心身の状態を活性化するのに役立つ）

瞑想のエクササイズ

生産性の研究で知られる著述家のブレンドン・バーチャードが推奨している瞑想法

を実行しよう。ほんの数分でよい。

「心の中で『解き放つ』という言葉を繰り返そう。その際、肩や首、顔、あごの緊張をすべて解き放つよう身体に命令しよう。背中と足の緊張を解き放とう。心の緊張を解き放とう。もしそれが難しいなら、身体の各部位にフォーカスし、深呼吸をし、心の中で『解き放つ』という言葉を繰り返そう」

エクササイズ

1 毎日、感謝の気持ちを表現するためにできることをひとつ書こう。
2 毎朝、その日の日付を書き、数秒間その日に感謝しよう。
3 重要課題を最後までやり遂げる習慣を身につけよう。
4 課題に取り組む前に、気づき、呼吸、瞑想のエクササイズを実行して心を落ち着けよう。

MASTER YOUR TIME

第07章

時間を投資とみなす

ほとんどの人は時間を使っているだけで、時間を投資していない。

時間の特徴は、誰もが現在に生きることしかできないことだ。明日や5年後を先取りして時間を使うことはできない。つまり、現在の収入を超えて生活することはできたとしても、現在の時間を超えて生きることはできないのだ。

残念ながら、時間をどこかにしまっておくことは不可能である。だから今日、時間を投資しなければ、それは永久に失われてしまう。

では、「時間を使うこと」と「時間を投資すること」の違いはなんだろうか？

単に時間を使っているとき、長期的な恩恵をもたらさない活動をして時間を浪費している。それはネットフリックスでドラマや映画を大量に見て、フェイスブックの記事をひたすら読み、ビデオゲームで何時間も遊ぶことかもしれない。そういう非生産的な活動をすることによって時間を無駄にしている。非生産的な活動に使った時間は消えてしまい、しかもその時間はもう取り戻せない。あなたの人生の断片はあっさりと消えてしまうのである。

残念ながら、すぐに欲求を満たそうとしたり、非生産的な活動をしたりしているなら、よりよい未来を築いて深い充実感を得ることはできない。そんなふうに時間を使っているかぎり、未来の収穫を得るために時間を投資することはできないのだ。

逆に、**時間を投資するとき、自分のエネルギーを活用し、それを価値のあるものに変換している。**具体的に言うと、自分のエネルギーを次のものに変換できる。

- 生涯にわたって大切にしたい思い出
- 社会で立派に生きていくために必要なスキル
- 自分をより賢くして人生を切り開く知恵
- 人びとの暮らしに役立つモノやサービス
- たくましく生きる意欲をかき立てる心身の健康

毎日、時間を賢く投資することによって、よりよい未来を築くことができる。そこで、どれだけ自分が時間を有効に使っているかを今すぐに判定してみよう。

ただし、誤解のないように言っておくが、テレビを絶対に見るなとかSNSを二度と利用するなと言っているのではない。なぜなら誰もが娯楽を楽しんで、くつろぐ必要があるからだ。とはいえ、そのための時間はあなたが思っているよりたいていはずっと短い時間で済むものだ。しかもよりよい選択肢が存在する。たとえば、友人と一緒にボードゲームをしたり一人で静かに良書を読んだりすることが、あなたにとって必要なリラクゼーションなのかもしれない。

私は外国語を勉強したりオンライン授業を受けたりするほうが疲れないし、意外と楽しい。それらの活動は私を再びエネルギッシュにしてくれる。その点について、イギリスの作家アーノルド・ベネットは『自分の時間』（三笠書房）の中でこう書いている。

「私たちが知っておかなければならない重要なことのひとつは、知的能力はたゆまぬ激しい活動に対応できるということだ。それは手や足のように疲れるわけではない。睡眠中を除けば、脳が必要としているのは休憩ではなく気分転換である」

つまり、たとえ疲れを感じても、意外と多くのエネルギーを持っている可能性があるということだ。実際、元アメリカ海軍特殊部隊隊員のデイビッド・ゴギンズは「脳が疲れていると感じても、本当はまだ40％しか使っていない」と主張し、それを「40％のルール」と呼んでいる。この数値は正確ではないかもしれない。しかし、精神的にも肉体的にも自分が思っているより多くのことができるというのは真実だ。

あなたはどうだろうか？　よりよい未来を築くために時間を投資しているだろうか？　一日の中でより楽しくて有意義なことをするように心がけているだろうか？あるいは、長期的な恩恵をもたらさない無価値な活動に時間を使っているだろうか？もし毎晩、何時間もテレビを見たりビデオゲームで遊んだりしているなら、「いつもこんなことをして、この世で最も希少な資源のひとつを浪費してもいいのか？」と自分に問いかけよう。

要するに、時間は上手に投資しなければ、永遠に失われるということだ。これからの一日に敬意を示さないなら、時間は指の隙間からこぼれ落ちるように失われる。

だから時間を有効に投資することを学ぼう。素晴らしい思い出をつくり、貴重なスキルを開発し、洞察にあふれた知識を身につけ、画期的なモノやサービスを提供し、心身の健康を維持しよう。ただし、その過程で楽しく過ごすことを忘れてはいけない。

時間を賢く投資する

時間をうまく使いこなすために理解しておくべき重要な考え方は、収穫逓減《ていげん》の法則である。つまり、多ければよいとはかぎらないということだ。

何かをたくさんするとしても、それが人生にもたらす価値は、ある一定以上を超えると、それ以上増えなくなる。たとえば、テレビを4時間にわたって見続けたとしよう。1時間と比べて4時間ずっとテレビを見続けることで得られる楽しみはどれくらいだろうか？　楽しみは4倍に増えるだろうか？　2倍に増えるだろうか？　同じ量だろうか？

どの時点で収穫逓減の法則が働くだろうか？　その答えはわからないが、おそらく4時間よりもずっと短いはずだ。もしそうなら、テレビを見るのは1時間だけにして、残りの3時間は別のことをしたほうがいい。

毎日、よりよい人生を設計するために時間を投資するか、時間を永久に失ってしまうか、どちらかしかない。しかも今日のエネルギーは明日になったらもう使えない。だから常に時間を賢く投資すべきだ。

使っている時間と投資している時間の割合を調整する

毎日、どれくらいの時間を使い、どれくらいの時間を投資しているだろうか？　その割合を綿密に検証し、次の質問を自分に投げかけよう。

「この割合を継続すれば、やりたいことをやり遂げることができるだろうか？　将来、人生を振り返って、充実していたと感じるだろうか？　もし感じないなら、どうすればもっと賢く時間を投資できるだろうか？」

この割合の調整が、長期的に大きな力を発揮するために必要だ。その理由を理解するのに役立つ具体例を紹介しよう。

毎日、2時間テレビを見ていて、それが非生産的な時間の使い方だと思っているとしよう。その習慣を長期にわたって継続すれば、どれくらいの時間を使うことになるか計算すると次のようになる。

- 週に14時間
- 月に62時間
- 年に730時間
- 10年で7、300時間
- 30年で21、900時間

21、900時間は、テレビを毎日16時間見ながら3年9か月過ごすのと同じことになる。その21、900時間を賢く投資したら、何を成し遂げられるか想像しよう。テレビを見る時間を半分にすれば、残りの1万時間以上を今後の30年で自分のために投資することができる。

次に紹介するエクササイズを実行しながら、死ぬまでにやってみたいワクワクすることをすべて思い浮かべよう。世界旅行をしたいのかもしれないし、外国語を学びたいのかもしれない。あるいは、慈善団体を設立したいのかもしれない。

どんな夢を持っていようと、その気になれば、たいてい実現できる。ワクワクする夢を明確にイメージすればするほど、その実現に必要な行動を起こしたくなる。

エクササイズ

平均的な自分の1週間の過ごし方を思い出して、次のエクササイズをやってみよう。

- 非生産的な時間の使い方だと思う活動をひとつ書く。
- 生涯にわたってその活動に使うことになる総時間数を計算する。
- その活動の代わりにしたい最もワクワクする活動を書く。自分に限界を設定せず、本当にしたいことを書く。
- その目標を達成しなければ、どんな後悔と苦痛を味わうことになるかを想像する。

- 自分がその目標を達成している様子をイメージし、それを想像しながらワクワクする。
- 非生産的な活動をやめて浮いた時間を使って、そのワクワクする目標に向かって1年後、10年後にどれだけ進歩を遂げられるかをイメージする。

MASTER YOUR TIME

第08章

長期的視点で考えることの重要性を理解する

今から1年後、5年後、10年後にどうなっていたいかをどれくらい頻繁に考えているだろうか？

長期的視点で考える能力を持っていることは、成功の度合いを予測する最大の判断材料になることが、複数の研究で明らかになっている。将来、どうなりたいかをたえず考えている人たちは、現在においてよりよい決定をくだす。彼らは他の人たちより健康的な食生活を送り、仕事で生産性を高め、より多くのお金を貯めて投資する傾向がある。

成功哲学のエキスパート、ブライアン・トレーシーはこう言っている。

「ハーバード大学のエドワード・バンフィールド博士は数十年にわたる研究の結果、長期的視点で考える能力を持っていることが、人生における成功を決定づける最大の要因であると結論づけた。バンフィールド博士は、数年先を見越して決定をくだす能力の重要性を力説している」

しかし残念ながら、私たちは長期的視点で考えるように生まれついていない。それどころか、生存本能の一環として短期的に考えるように設計されている。とはいえ私たちは学習することができる。その方法のひとつは、長期計画を立てて、将来どうなりたいかをたえずイメージすることだ。**理想的な将来像をたえずイメージすれば、その将来像を実現できる可能性が高まる。**毎日、数年後にどうなりたいかに意識を向けることによって、その目標に向かって進歩を遂げることができる。

そのカギは、コツコツと努力し、それが数週間後、数か月後、数年後にどれくらい積み重なるかを理解することだ。人間は短期的に考える傾向がある。私たちは日々の行動が長期的にもたらす莫大な成果を認識するのが苦手だが、日々の行動は目標達成に対して非常に大きな力を持っている。それを長期にわたって継続すると、次のシンプルな真実にもとづいて蓄積効果を発揮する。

ポジティブな変化は、たまにする行動によってではなく、毎日の行動によってもたらされる。

たとえば、外国語を長期にわたって勉強すれば、確実に進歩を遂げることができる。どの日も前日の上に築かれるから、スキルがどんどん向上していく。一方、週に一回だけ勉強するなら、その時間はあまり効果をもたらさない。なぜなら蓄積効果を生まないからだ。勢いがつかないので、莫大な成果は得られない。それどころか、学んだことをたびたび忘れてしまい、同じことを何度もおさらいしなければならなくなる。

以上の理由で、**ある一定の時間があるときは、たまにする行動に時間を活用するより日々の習慣の一部として活用するほうがずっと価値がある。**したがって、莫大な成果をあげたいなら、日々の習慣の力を活用することを覚えよう。私はそれをオンラインビジネスで実行した。この5年間、ほとんど毎日それに取り組んだおかげで、勢いがついて蓄積効果を発揮することができた。その結果、私はかなり大きなことを成し遂げた。

あなたはどうだろうか？　一定の時間を活用するために実行できる日々の習慣はなんだろうか？

日々の習慣の力を示す具体例を紹介しよう。

- 毎日、500単語ずつ書けば、本書のような本を1年で5冊書くことができる。10年で50冊書ける。40年後には200冊もの本を出版できる。もちろん、書く作業には入念な調査が必要だし、各パートの内容や全体の構成を考えなければならないが、この例の目的は日々の習慣の力を強調することである。
- 毎日、外国語を5単語覚えれば、1年で1、825単語、5年後には9、125単語覚えることができる。これならどんな外国語も流ちょうに話せる。
- 毎日、3キロ歩けば、1年で1、000キロ歩くことになる。40年後には4万キロ歩くことになるから、地球の外周とほぼ同じ距離を歩いたことになる。

日々の習慣の力を活用すると、一定の時間にエネルギーを注入し、蓄積効果を発揮することができる。長期的に見ると、これは予想をはるかに超える莫大な成果につながる。

長期的視点で考えることの力

長期的視点で考えることは簡単ではない。ほとんどの人はすぐに欲求を満たしたいと考えているからだ。現在は不確実な未来よりも貴重であることを考慮すると、たしかにこの願望は理にかなっている。

しかし、魅力的な未来を想像すると、より高いレベルのワクワク感を持って自分を現在の行動に駆り立てることができる。実際、未来の出来事を想像すると、より多くの喜びを感じられることが、複数の研究で指摘されている。最後に休暇をとったときのことを思い出してみよう。休暇の計画を数週間前に立てるのは楽しかったはずだ。浜辺で家族や友人とくつろいでいる様子を想像したに違いない。あるいは、初めての街を想像で訪れ、自由な気分を味わったに違いない。

要するに、ワクワクするビジョンを持ち、それが現実になるのが待ちきれないとき、長期的視点で考えることははるかに簡単になるということだ。そういう状況では、今この瞬間はそのビジョンに向かって進む時間になる。小さな一歩を踏み出すたびに目標に近づき、達成を祝うべき理由となる。

ワクワクする未来に身を置くことによって、その喜びを先取りし、それを起爆剤にしよう。明確で強烈なビジョンを持ち、その実現に向かってたえず努力するなら、たいていのことは成し遂げられる。

目標を達成する日々のプロセスを楽しむ

毎日、目標に向かって進歩を遂げることに喜びを感じるなら、長期的視点で考えることはより大きな意味を持つ。その旅が楽しいなら、目的地はあまり関係ない。しかも逆説的だが、そのほうが目的地に到達する可能性はずっと高くなる。

多くの人はすぐに欲求を満たして喜びを得ようとするが、長期的視点で考える人はそうではない。常に目標を見定め、それを達成するプロセスを楽しむ。**長期的視点で考える人は心の中でワクワクしながら日々の小さな勝利を積み重ねることに大きな喜びを感じる。**進歩を遂げることに情熱を燃やし、毎日、夢に近づいていることを確信する。ゆっくりと着実に進歩を遂げることが、長期的視点で考える人の特徴である。

要するに、毎日、長期的なビジョンについて考えながら戦略を練れば、多くのことを成し遂げられるということだ。

たとえば、私は目標を達成している様子を頻繁にイメージしている。今年書く予定の本をすべて書いている様子をイメージすると、とても生産的であることにワクワクする。また、自分の本が大勢の人に読まれて役に立つことを期待している。毎日、着実に進歩を遂げていることにワクワクし、それを継続すれば未来は明るいと確信している。

あなたはどうだろうか？　目標に近づくことに喜びを感じているか、すぐに欲求を満たそうとして、本当に大切なことを先延ばしにしているか、どちらだろうか？

日々、着実に進歩を遂げることのワクワク感が、すぐに欲求を満たす喜びよりも大きければ、長期的な目標を達成する可能性は飛躍的に高くなる。

エクササイズ

1 長期的に見て生産性に最大の影響をおよぼす日々の習慣を書こう。これからの5年から10年にわたってその習慣を継続すれば、どんな素晴らしいことを成し遂げられるかを想像しよう。

2 毎日数分間、長期目標をイメージする練習をしよう。

3 日々の小さな勝利を積み重ねる習慣を身につけよう。また、日々の勝利を祝うために何をすべきかを書いてみよう。たとえば、長期目標に関連した小さな課題をやり遂げたら、カレンダーを見て、その日の日付に✓印を入れよう。

MASTER YOUR TIME

第09章

切迫感を持つ

まるで永遠に生きられるかのように考えて、些細なことにたえず時間を浪費していないだろうか？

時間は人生の構成要素である。自分には時間が無限にあると思っているかぎり、有意義な活動に時間を投資するのを怠り、膨大な時間を浪費することになる。

切迫感を持つことは、時間との関係を変えるもうひとつのツールである。前章で説明したように長期的視点で考えることは大切だが、切迫感を持つことは同じくらい大切だ。たとえば、多くの人は年間の目標を設定している。それのどこがいけないのか、と言うかもしれない。問題は、1年がたいへん長いことだ。1年後の目標にフォーカスしながらモチベーションを維持することはほぼ不可能である。1年後は遠い未来だから、今日、行動する気になりにくいかもしれない。結局、「明日、来週、来月やればいい」という気持ちになり、課題を先延ばしにしがちである。

時間の価値を高めるには、グズグズしている余裕を自分に与えてはいけない。今この瞬間に行動を起こすように自分を駆り立てたいなら、遠い未来のあいまいな目標を設定してはいけない。

3か月単位で考える

大きな目標に取り組むためのよい方法は、それを細分化することである。だが、もっとよい方法は、3か月単位で考えることだ。3か月は大きなプロジェクトをやり遂げて長期目標に向かって進歩を遂げるのに十分な期間である。3か月の目標なら最終地点がほぼ見えるから、そこをめざしてすぐに行動を起こしたくなる。

要するに、3か月単位で考えると、切迫感を持つことができるということだ。1年間の目標を3か月以内に達成しなければならなくなったと想像しよう。あなたはどうするだろうか？　おそらく時間をそれまでよりずっと大切にするだろう。たった一日でも目標に取り組むのを怠ると、期日までに目標を達成する可能性がそれだけ低くなるのだから、時間を大切にするようになるのは当然である。

こんなふうに考えてみよう。

1年間の目標を3か月間の目標に変えたなら、4日分の仕事を一日で成し遂げる必要がある。

もちろん、1年間の目標を3か月で達成できると言うつもりはないが、そうしなければならないと想像すれば、時間をもっと大切にするはずだ。

頻繁に期日を設定する

切迫感を持つためのもうひとつの方法は、目標を達成するまでの過程で頻繁に期日を設定することだ。パーキンソンの法則に「仕事は完成に与えられた期間いっぱいに膨張する」というのがある。頻繁に期日を設定しなければ、間際になって大慌てで課題に取りかかることになる。これは学校で課題を与えられたときに多くの学生がやりがちなことだ。

目標を達成するまでの過程をいくつかの節目に分解すると、切迫感を持てるだけでなく、進捗状況をより的確に把握できる。さらに、それぞれの期日に間に合わせようと努力するたびにドーパミンが出てモチベーションを維持するのに役立つ。

嬉しいことに、ほとんどの目標がより小さい目標に細分化できる。それらの小さい目標を達成するたびに着実に前進し、やがて長期目標を達成することができる。英語の格言にあるとおり、1頭のゾウを食べる最も確実な方法は、一回に一口ずつかじることだ。

たとえば本を書くとき、いくつかの節目に分解することはきわめて効果的である。いくつかの節目に分解して、それぞれに期日を設定しなかったら、たぶん私は一冊も本を書けなかっただろう。切迫感がないと、書くのをやめる口実を次から次へと思いついてしまうからだ。また、いったん書いた文章をいじりながら何度も休憩をとることになる。

そこで私は本を書き終えるために、期日を設定することにした。そして、いくつかの節目をつくった。たとえば、本のレジュメを仕上げる作業や初稿を書き上げる作業がそうだ。そして、いつ決定稿を送るかを編集者に知らせた。もちろん、このプロセスは完全ではないし、いつも期日に間に合っているとはかぎらないが、仕事のスケジュールの中で課題をいくつかの節目に分解することは大きな効果がある。

要するに、課題をいくつかの節目に分解することは切迫感をもたらし、毎日する必要のあることを明確にするのに役立つのだ。その結果、時間をより有効に使うことができる。

エクササイズ

1 思考の実験として、1年かけて達成することを3か月でやり遂げなければならないと想像しよう。期日設定が生み出す切迫感を感じ取り、その期日までにやり遂げるという気構えならどれだけ多くのことを達成できるかを想像しよう。

2 ひとつの長期目標を選んで紙に書き、それを細分化して、3か月ごとの目標にし、切迫感を生み出そう。

3 月間の目標と週間の目標を設定して、いくつかの節目をつくろう。

4

最後に、それらの目標に向かって前進するために、今日、何をする必要があるかを書いてみよう。

時間をより効果的に使う方法をさらに深掘りするために、パート３では時間を有効に使うための７つの基準を紹介しよう。

PART 3

有意義な時間を過ごす

時間の達人になるためには、有意義な時間の使い方を学ばなければならない。だが、時間を有意義に使うとはどういう意味で、それを成し遂げるためにはどんな基準を考慮すべきだろうか？

パート3では、充実した時間の使い方をするためのシンプルな枠組みを紹介しよう。しかし、その前に、時間を最大限に活用するのを妨げている、よくあるとんでもないウソを打破しよう。

MASTER YOUR TIME

第10章

使ってはいけない最も危険な言葉

ふだん「時間がない」という言葉をどれくらい頻繁に使っているだろうか？

昨今、どの人も忙しくしているように見える。忙しくしていることは名誉の勲章のようになっているのだ。

私はかつて10年ほど日本で暮らしていたが、人びとはいつも忙しそうにしていた。あの国では暇であることはまるでマナー違反のように考えられていて、生産的な社会の一員ではないことを意味しているようだ。少なくとも日本人はそんなふうに考えているのかもしれない。

では、なぜ私たちはいつもそんなに忙しくし、なぜ「時間がない」と言い続けるのだろうか？　それにはいくつかの理由がある。

- **人生の責任をとりたくないから。**「時間がない」と言えば、責任を逃れることができる。つまり、人生で困難な変化を起こすのを避ける有効な理由になるのだ。自分の働き方を見直したり、非生産的な活動をやめて生産的な活動をしたりする必要がなくなる。

- **自分を被害者と位置づけたいから。**「時間がない」と主張すると、周囲の人の同情を買うことができる。そしてお互いにいたわりあって、「いつも忙しい」という共通認識を強化することができる。

- **何かをするモチベーションがないから。**「時間がない」と言うのは、「それは自分にとって大切ではないので時間を割きたくない」という意味である。だからモチベーションがわかないという意味でもある。

- **忙しく見せかけたいから。**多くの人が忙しそうに振る舞うことには文化的な理由がある。忙しそうにすることは、かっこよく見えるし、何かを成し遂げているように見える。そして、そういう考え方はやがて共同幻想になる。その結果、人びとは戦略的かつ建設的に考えず、ますます多くのことをカレンダーに書き込む。

あなたはどうだろうか？　以上のどれかに心当たりはないだろうか？

あなたには思っているよりも多くの時間がある

では、私たちは本当に忙しいのだろうか？　果てしなく続くラットレースから抜け出すために、何もできないのだろうか？

実際には、あなたには思っているよりも多くの時間がある。アメリカの興味深い統計を紹介しよう。

人びとは生涯で平均約8万4８６時間もテレビを見ている。これは9年以上もずっとテレビを見ている計算になる。

また、人びとは生涯で平均約５・３年間にわたってデジタル画面に釘付けになっている。

つまり、ほとんどの人はテレビを見、インターネットを使い、スマートフォンの画面を眺めて、合計14年以上も過ごしているということだ。しかし、もっと具合の悪いことに、睡眠に要する8時間を引いて一日16時間として計算すると、14年という数字は21年になる。ということは、生涯の約4分の1かそれ以上を画面を見ながら過ごしていることになる。

それでも「時間がない」と本気で思っているのだろうか？　もしそうなら、ふだんの時間の使い方を考え直したほうがいい。

周知のとおり、誰もが毎日24時間を持っている。「時間がない」と不平を言わずに素晴らしいことを成し遂げている人がいる一方で、「時間がない」と不平を言いながら、いつも忙しそうにしている人がたくさんいる。だが、その人たちは単にバタバタしているだけで、特に何も成し遂げていない。

気をつけよう。「時間がない」と言うときは、無力感にさいなまれている。その理由は目標が明確ではなく、優先すべきことを把握できていないからだ。

私に言わせれば、バタバタしているのは思考停止のなせるわざである。バタバタしているのは、自分にとって何が本当に大切なのかをよく理解できていない証しなのだ。

生産性のエキスパート、アリ・アブダール博士はこう言っている。

「『時間がない』と言うとき、その真意は『それは今の自分にはそんなに大切ではないので、そのための時間をつくらない』ということだ」

さらに、もうひとこと付け加えておこう。

誰かがあなたの頭に銃を突きつけて、何かをすべきだとか、すべきでないと命令しているわけではない。現在の仕事やSNS、テレビに時間を費やすことを選んでいるのは、あなた自身である。目標を達成したいと本気で思っているなら、時間の使い方に責任を持たなければならない。それは、自分が何を求めているか、自分にとって本当に大切なものは何かを把握することから始まる。他人があなたに代わって大切なものを見つけてくれるわけではない。

だから「時間がない」と言うのをやめるべきだ。このセリフを禁句にし、その代わり、次のようなポジティブな表現を使おう。

「今はすべきことがあるから、そのほかのための時間をつくらないことにする」

「今は多くのプロジェクトを抱えているから、しばらくそれ以外は後回しにする」

もし自分にとって何か大切なことがあるなら、次の質問を自分に投げかけよう。

- 勉強する時間をどうやってつくればいいか？
- 運動する時間をどうやってつくればいいか？
- 子供と遊ぶ時間をどうやってつくればいいか？
- 副業に励む時間をどうやってつくればいいか？

エクササイズ

1　次のことについて、どれくらい当てはまるだろうか？　10段階（1が最低で、10が最高）で評価しよう。

- 自分の時間の使い方に責任を持っていない。
- いつも「時間がない」と不平を言って被害者を演じている。
- 強い動機がないので目標に取り組めていない。
- 周囲の人に認めてもらうために忙しそうに見せかけている。
- 主体的に行動していないので、忙しそうに見せかけている。

もし「時間がない」と不平を言っていることに気づいたら、次のふたつのうちひとつを実行しよう。

- 「今はすべきことがあるから、そのほかのための時間をつくらないことにしている」と自分に言い聞かせる。
- 「時間をどうすればつくれるか？」と自分に問いかける。

「時間がない」と感じているなら、どれだけ時間を浪費しているかに気づいていないのかもしれない。もしそうなら、次章の指摘が目を開かせてくれるだろう。

MASTER YOUR TIME

第11章

自分の行動記録をとる

自分をよく知ることは、大きな変化を起こすための必須条件である。自分の時間の使い方を知れば知るほど、より有意義な活動に時間を使うことができる。

この章では、ふだんどのように時間を使っているかを自覚するためのシンプルなエクササイズを紹介しよう。このエクササイズを実行するためには、今後1週間の活動をすべて詳しく書きとめる必要がある。仕事の前後と最中にしていることをすべて書きとめよう。それをすると、次のことに気づくはずだ。

- 実際に働いている時間はどれくらいか？　SNSなどの非生産的な活動をしている時間はどれくらいか？
- 仕事以外で時間をどう使っているか、それは本当にしたいことか？　たとえば、もっと生産的な活動をすることができるのに、テレビやネットフリックスを何時間も見ているかもしれない。

私たちは時間の使い方を心得ていると思っているが、たいていそうではない。だからこのシンプルなエクササイズを実行して、それを検証する必要がある。

毎日、どのように時間を使っているかを分析することによって、時間の使い方を改善することができる。この新しい気づきは責任感を生み出し、時間を大切にする気持ちを強めることができる。

エクササイズ

1週間分の自分の行動記録をつくろう。

MASTER
YOUR
TIME

第12章

適切な方法で生産性を高める

本当に生産性を高めるには、長期的なビジョンを明確にしなければならない。この章では、その方法を簡単に説明しよう。

基本的な考え方はいたってシンプルである。

日ごろ常に意識していることは、長期的なビジョンと合致していなければならない。そうでなければ、意図しているのとはまったく違う方向に進んでしまう。こんなことは当たり前のように聞こえるかもしれないが、ふだん汗水たらして働いているのに、めざしている方向性についてよく考えていない人があまりにも多いのが現状だ。

ここで、自分に投げかけるべき重要な質問を紹介しよう。

今日していることを続ければ、自分が望んでいることを5年後か10年後に成し遂げられるだろうか？

もしその答えが「ノー」なら、すぐに軌道修正をしなければならない。

ビジョンを明確にしていないなら、時間を効果的に配分することはできないし、集中力を発揮することもできない。その結果、毎日、貴重なエネルギーを浪費してしまうことになり、しかもそれを取り戻すことはできない。要するに、ビジョンが明確でなければないほど、一日の中で多くのエネルギーを空費してしまうということだ。

ビジョンを明確にするためには、いろいろなことを考える必要があるが、次の質問に答えることによって、今すぐそのプロセスを開始することができる。

長期的なビジョンを明確にするのに役立つ15の重要な質問

願望を引き出す

1　本当に手に入れたいものは何か？

2　家族や友人、同僚の影響を受けないとしたら、どういう決断をくだすか？

3　自分に正直になるとしたら、今、何をするのをやめて、何を始めるか？

4　すべてのことで成功するとしたら、５年後にはどうなっていたいか？
5　好きなように一日を過ごせるなら、理想的な一日とはどのようなものか？
6　残りの人生でひとつのことにフォーカスするとしたら、それは何か？
7　どんなことでも達成できるなら、３年から５年にわたって何を追求するか？

自分の強みを見つける

8　仕事でいつ何をしているときが最も幸せを感じるか？
9　他の人たちが苦労していることでも、自分ならたやすくできることは何か？
10　ふだん周囲の人から何が上手だと言われるか？

何に情熱を感じるかを見きわめる

11　子供のころ、何をするのが楽しかったか？
12　どんな理由で誰をうらやましく思うか？
13　時間とお金がたっぷりあるなら、それを使って何をするか？
14　自信があるなら、何をしたいか？

15　世の中にどういう働きかけをしたいか？

素晴らしいビジョンの5つの特長

有意義なことをして生産性を高めるためには、素晴らしいビジョンを持って、毎日それを追い求めなければならない。素晴らしいビジョンの5つの特長を列挙しよう。

①　**自分がワクワクできる。**当然のことのように聞こえるかもしれないが、そのビジョンを現実にしたいと本気で思えるようになるには、自分を引きつける強烈な魅力がなければならない。

②　**きわめて明確である。**明確なビジョンを確立するまでに修正を何度も重ねる必要があるが、ビジョンを持っていないよりはずっといい。そもそもビジョンがなければ目標を達成できないことを肝に銘じよう。明確なビジョンを確立すれば、毎日、目標に向かって突き進むことができる。

③　**自分の価値観と一致している。**人によって価値観は異なる。ビジョンは価値観と

一致していなければならない。毎日、あなたはその価値観に従って生きていくことになる。価値観とは自分をかっこよく見せるためのものではなく、生き方や意思決定に直接影響を与えるものである。たとえば、何よりも自主性を重視している人は、他人と関わることを重視している人とは仕事やプライベートなどあらゆる面で異なる選択をする。価値観を哲学や生き方と考えるとわかりやすい。また、自分の価値観が周囲の人や社会から押し付けられたものではないことを確認しよう。

最後に、自分が最も大切にしている3つの価値観を具体的に書こう。たとえば次のようになる。

- 倒産や失業のリスクがほとんどない公務員になるか大企業で働く。
- 努力して身につけたスキルを活かして自分に合った仕事に就く。
- 夜間でも安心して出歩くことのできる治安のいい地域で暮らす。

④ **強みを発揮できて生きがいを感じる。**あなたのビジョンは、自分らしく価値ある生き方を見つけるための指針を与えてくれる。それは自分の価値観に従って生きてい

くのに役立つだけでなく、自分の強みを発揮するのに役立つ。

⑤ **よりよく生きるために自分を駆り立てる原動力になる。**ビジョンは自分の小さな殻を脱ぎ捨てる原動力になる。あなたは単に生きているだけではなく、生き生きして躍動感にあふれる。自分について学べば学ぶほど、ビジョンは明確になり、人生のすべての分野でよりよい結果を得ることができる。だから明確なビジョンを確立するために時間を使おう。明確なビジョンを持てば、時間を有効に活用して本当の意味で生産的になることができる。

エクササイズ

1 この章で紹介した、ビジョンを明確にするのに役立つ15の質問に答えよう。

2 自分にとって最も大切な価値観を書こう（最初はあいまいでもかまわない。価値観は時間の経過とともにはっきりしてくる）。

MASTER YOUR TIME

第13章

時間を最大限に活用する方法

誰もが時間を最大限に活用したいと思っているが、どうすれば活用できるだろうか？

この章では、**自分の時間の使い方を最適化するときに考慮すべき7つの基準について、効果的な質問とともに説明しよう。**すなわち、①有意義である、②楽しい、③挑戦的である、④思い出に残る、⑤自尊心を高めてくれる、⑥効果的である、⑦健康に役立つ、である。

①有意義である

- その活動には意味があるか？　自分の価値観や目標、性格と合致しているか？
- その人やそのグループの人たちと一緒に過ごす時間に意味を感じるか？　つながり

を感じているか？

- 創造性を発揮し、心の糧になり、生き生きするのに役立っているか？

②楽しい

- その活動は本当に楽しいか？
- 自分を笑顔にさせてくれるか？
- リラックスするのに役立つか？

③挑戦的である

- その活動は挑戦的か？　今まで経験のないことに挑んでいるか？　現在のスキルに磨きをかけるのに役立つか？
- 創造性を発揮し、問題解決能力を高めてくれるか？

④思い出に残る

- その活動はずっと思い出に残るようなことか？

- ワクワクするか？
- 遊び心に富んでいるか？

⑤ 自尊心を高めてくれる

- その活動は自尊心を高めてくれるか？
- 人格を鍛えて人として向上するのに役立つか？

⑥ 効果的である

- その活動は目標に取り組むために最も効果的な方法か？

⑦ 健康に役立つ

- その活動は健康の維持や増進に役立つか？

以上のことをより深く理解するために具体例を紹介しよう。

私はかつて毎晩のようにネットフリックスを何時間も見ていた。では、それが時間の有効な使い方かどうか、以上の7つの基準に照らし合わせて検証してみよう。

それは有意義だったか？　答えは「ノー」だ。あの活動が有意義だったとは、とうてい思えない。

それは楽しかったか？　たしかにそのときには楽しかった。だからそういう意味では答えは「イエス」だ。しかし、そんなに多くの時間を使ってネットフリックスを見ることが本当に楽しかったと言えるだろうか？　私にはどうも確信が持てない。

それは挑戦的だったか？　答えは「ノー」だ。英語と日本語で映画を見て勉強にはなったが、「挑戦的」という表現はふさわしくない。

それは思い出に残るか？　答えは「ノー」だ。ネットフリックスで映画やドラマを見て、大切な思い出になったことは一度もない。

それは自尊心を高めてくれたか？　答えは「ノー」だ。どちらかと言うと、しばらくして後ろめたくなった。こんなことをしていていいのかと思ったくらいだ。

それは効果的だったか？　答えは「ノー」だ。それを仕事の一環としてやっていたわけではなかったから、時間を効果的に使っていなかった。

それは健康に役立ったか？　答えは「ノー」だ。ソファーに横になったまま何時間も画面を見ているのはけっして健康的ではない。

結論として、たまにネットフリックスで映画やドラマを見るのはいいかもしれないが、以上の7つの基準に照らし合わせて考えてみると、それが時間の有効な使い方だとは思えない。

ところで、私がネットフリックスにそんなに多くの時間を浪費してしまった主な理由は、より有意義な活動を予定に入れていなかったからだ。だから毎晩、有意義な活動をすることを心がければ、そんなに多くの時間を浪費せずにすむはずである。

そこで机の前に座り、紙とペンを用意して、ネットフリックスで多くの時間を浪費する代わりにできる素晴らしいことをすべて書いてみた。私は勉強が大好きなので、毎日、時間をとってエストニア語と日本語の勉強をすることにした。また、経済学のオンラインコースでの学習を効果的にすすめるための講座を受講することにした。一方、ネットフリックスを解約し、フェイスブックやユーチューブなどの集中を妨げるものを排除した。将来、後戻りするかもしれないが、このやり方は現時点ではうまくいっている。

つまり、非生産的な活動を排除しようとするなら、より生産的で楽しい活動と取り換えなければならないということだ。自分の活動が7つの基準のいくつかを満たすようにする必要がある。すなわち、それは有意義で、楽しくて、挑戦的で、思い出に残り、自尊心を高め、効果的で、健康に役立つものであるべきだ。ワクワクする活動であればあるほどいい。たとえば、あなたの活動はワクワクする長期的な夢や目標の一部かもしれない。

具体例を紹介しよう。

- いつか外国に住みたいので、外国語を勉強している。
- 音楽が好きだから、ピアノの演奏を学んでいる。
- 文章を書くことが楽しいので、記事や詩、本を書いている。
- 家族や友人のためにおいしいケーキをつくっている。

何に興味を持っているにせよ、時間を有効に使うことを学ぶと、望んでいることをほとんどすべて成し遂げることができる。それが強い願望であればあるほど、毎日行動するモチベーションがわいてくる。いったん生産的な活動を継続するための効果的な仕組みを確立すると、何もあなたを止めることはできなくなる。

時間の有効な使い方を具体的に説明しよう。

私はエストニアに1年半以上住んでいるが、エストニア語はほとんどわからない。エストニア語を学ぶべきかどうか何か月も悩んだ。「人口はとても少ないし、エストニア人の大半は英語を話すから、なぜわざわざエストニア語を学ぶ必要があるのか？」と自分に問い続けた。

しかし、私は現地社会に溶け込みたかったので、エストニア語を話す必要があった。そこでついにエストニア語を学ぶことに決めた。そのためのアプリをダウンロードし、個人的に先生を雇って、エストニア語の学習を日々の習慣の一部にした。

では、ネットフリックスを見ることと比較して、エストニア語を勉強することがどれくらい有効な時間の使い方か、7つの基準に照らし合わせて検証してみよう。

それは有意義か？　答えは「イエス」だ。ふだんの生活でエストニア語を使えるようになると、現地社会に溶け込めるという利点がある。

それは楽しいか？　答えは「イエス」だ。外国語を学ぶのは楽しいし、私の使って

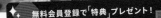

いるアプリは簡単に利用できるように工夫されている。

それは挑戦的か？　答えは「イエス」だ。新しい言語を学ぶとき、聞き慣れない発音をマスターしなければならない。エストニア語はとても難しい！

それは思い出に残るか？　答えは「イエス」だ。エストニア語を話せると、エストニア人の友人がたくさんできて、素晴らしい思い出になるに違いない。

それは自尊心を高めてくれるか？　答えは「イエス」だ。エストニア語を話せると、自信を持つことができる。エストニアに暮らしていて、いつまでも現地の言葉が話せないと後ろめたい気持ちになるのとは対照的だ。

それは効果的か？　答えは「イエス」だ。私の使っているアプリと個人レッスンを組み合わせると、より早く進歩することができる。

それは健康に役立つか？　答えはたぶん「ノー」だが、新しいことを学ぶと脳を活性化させることができる。

以上のことを総合すると、私にとって、エストニア語の勉強は時間の有効な使い方だと言える。

要するに、以上の7つの基準に照らし合わせると、自分の時間の価値を高める活動に取り組めるということだ。

あなたはどうだろうか？

どうすれば時間の価値をもっと高められるか？　夢や目標を叶えるために、日々の時間をより有効に使うにはどうすればいいか？　新しく始めるべき活動は何か？　また、やめるべき非生産的な活動は何か？

エクササイズ

1 自分がふだん取り組んでいる活動を検証しよう。

2 そして、7つの基準に照らし合わせて、それぞれの活動の価値を評価しよう。

3 非生産的な活動をひとつ選んで、より有意義な活動と取り換えよう。

PART 4

時間を有効に使う

MASTER YOUR TIME

第14章

時間を増やす方法

もっと多くのことを成し遂げるために時間を増やすことができるとしたら、どう感じるだろうか？

もちろん、現実には誰もが一日に24時間しか持っていない。しかし、自分の時間（または他人の時間）をよりうまく使うためにできることはたくさんある。この章では、その方法を紹介しよう。

周囲の人の時間を借りる

誰もが一日に24時間しか持っていないが、周囲の人の時間を借りてはいけないわけではない。つまり、人に助けを求めるということだ。

たとえば、新しい課題に取りかかるときに、自分だけが取り組む方法を考えるのではなく、誰かに助けを求めたらどうだろうか。何をすればいいかわからないとき、私はいつも次の質問を自分に投げかける。

- 自分が成し遂げたいことは何か？
- それを成し遂げるために必要な知識やスキルを持っている人はいるか？
- その知識やスキルを持っている人を知っている人はいるか？

具体的に説明しよう。

私は自分の本をスペイン語やドイツ語で翻訳出版したかったが、ずっと先延ばしにしていた。適切な翻訳者を見つけるのに膨大な時間がかかると思っていたからだ。まず、経験豊富な翻訳者を見つけるためのサイトに登録しなければならない。次に、適任者を選考するために応募者をテストする必要がある。そこで、「すでに翻訳出版したことのある著者は誰か？」と自分に問いかけた。すると、リチャードという著者がスペイン語やドイツ語で翻訳出版していたことがわかったので、彼にそれぞれの言語の翻訳者を紹介してもらった。

さらに最近、私は友人のスコットに装丁家を紹介してもらい、その人と一緒に仕事をすることにした。成果があがることを期待している。

ただし、自分だけが利益を得るために他人を利用することを提案しているのではない。実際、リチャードとスコットにはずいぶん力を貸してきた。私が提案しているのは、誰かの助けが必要なときは、それを求める習慣を身につけることだ。

興味深いことに、起業家をしている友人に同じアドバイスをした。最近、彼女と食事をしながら話をしていると、3、4人の起業家に助けてもらっているようだった。そこで、「まるで自分の役員会を持っているようだね」と私が言うと、彼女は「他人に助けを求めるように言ったのはあなたじゃないの」と答えた。

要するに、自分が抱えている問題に対する答えを持っている人を見つけ、その人と連絡をとる習慣を身につけるべきだ。次の例について考えてみよう。

- お金の投資をしたいが、その方法がわからないなら、すでにその分野で大きな成果をあげている友人に助けを求めよう。

• 自分の会社をつくりたいが、その方法がわからないなら、すでに会社を興して成功している人に助けを求めよう。
• 外国語を学んで早く上達したいが、その方法がわからないなら、その外国語に習熟している人を見つけて勉強法を尋ねよう。

他人に助けを求める習慣を身につけると、膨大な時間と労力を省くことができ、より早く目標を達成できる。

エクササイズ

1 友人、知人、同僚の中から10人を選んでリストにしよう。
2 それぞれの人の名前の横に、その人たちが持っているスキルを書こう。
3 彼らの脳を自分の脳へそっくりそのまま移し替えられると想像し、その人たちのどんな知識やスキルを受け継ぎたいか自分に問いかけよう。

賢く考える

時間は最も貴重な資源のひとつだから、それを上手に使わなければならない。そして、その最善の方法は、よりよい決定をくだせるように賢く考えることである。

賢く考えるには次の5つの方法がある。

方法1　学習曲線を短縮する
方法2　達人の心得を身につける
方法3　効果的な質問を自分に投げかける
方法4　工夫して課題に取り組む
方法5　考える時間を予定に入れる

以上の各点について詳しく見ていこう。

方法1　学習曲線を短縮する

何かの答えを見つけるために膨大な時間を費やすこともできるが、その答えをすでに見つけた人から学ぶほうが簡単である。前述のとおり、それは身近な人に助けを求めることかもしれないが、ビデオ講義を見る、コースを受講する、コーチを雇う、メンターと一緒に学ぶことかもしれない。

人生ではすべての答えを自力で見つけるだけの時間はない。自分の最大の目標を達成したいなら、学習曲線を短縮することによって進歩を加速するよう努める必要がある。そのためには、正しい情報を収集する能力を身につけなければならない。どんなことでも成し遂げるカギは、次のふたつのことに集約される。

- 正しい情報を収集する能力
- 情報が結果をもたらすまで、たえず応用する能力

幸いなことに、今ではインターネットのおかげで世界中のあらゆる知識を得ることができる。だが皮肉なことに、情報がコモディティ化しているため、私たちはそれを

大切にしていない。本をたくさん読んだり講座を次々と受けたりしているのに、そこから価値を引き出していないのが現状だ。たしかに多くのことを知っているが、しょせん座学にすぎない。言い換えると、知識はあるが、知恵がないのだ。

だからまずは価値のある情報にアクセスしよう。そして次に、生産性を高めて、より早く目標を達成するために、その情報を活用し実際に行動しよう。行動なき知識は価値がないことを覚えておこう。

方法2 達人の心得を身につける

多くの人はワクワクするように見えることにすぐに乗り換える。一冊の本から別の本へ、ひとつのセミナーから別のセミナーへ、ひとつの講座から別の講座へという具合に乗り換えるのだが、結局、何も得ることができない。このような振る舞いは「シャイニー・オブジェクト症候群」と呼ばれている。

時間はこの世で最も希少な資源のひとつだから、そんなふうに振る舞うべきではない。新しい方法から次の方法へと乗り換えて成果があがらないなら、時間を空費していることになる。あなたがすべきことは、成果があがるまで集中力を維持して特定の方法に取り組むことだ。そのためには「達人の心得」を身につけなければならない。

達人の心得について説明しよう。

まず、達人の心得はけっして新しい考え方ではないし、私が考案したものでもない。アンソニー・ロビンズなどの有名なコーチが長年にわたってそれを提唱してきたが、その考え方がどんなに重要かを本当に理解している人はわずかしかいない。

その考え方をしっかり理解し、それを取り入れたら、すべてが好転する。ハムスターのように回し車でくるくる走り続けるのをやめて、着実に成果があがるようになる。

達人の心得を身につけるには、押さえておくべき7つの基本がある。

達人の心得を身につけるための7つの基本

基本1　繰り返す
基本2　基礎の習得を徹底する
基本3　プロセスを信頼する
基本4　謙虚な姿勢で学び続ける
基本5　長期的視点で考える

基本6　コツコツと努力する
基本7　焦点を定める

それぞれを詳しく見ていこう。

基本1　繰り返す

すべての成功者は繰り返しの意義を理解している。たとえば、オリンピックで大成功を収めた水泳選手のマイケル・フェルプスは12歳から18歳まで一日も練習を欠かさなかった。事実、彼は2100日以上連続で泳いだ。武術の達人は同じ動作を何千回も繰り返す。子供はアルファベットを書く練習を何度も繰り返す。実際、繰り返しをしなければ、何事においても上達することは不可能だ。

繰り返しは何かを自分の中に取り入れるプロセスであり、やがてそれに習熟することができる。車を運転するなら、初めてハンドルを握ったときのことを覚えているだろう。当初、処理しなければならない情報量の多さに圧倒されたに違いない。自分がはたして車を運転できるようになるか疑問に思ったこともあるだろう。しかし、何時間も練習しているうちに、何も考えなくても自然に運転できるようになったはずである。つまり、運転のプロセスを顕在意識から潜在意識へとうまく移し替えたのだ。これが繰り返しによる習熟である。何かを繰り返し行うことで、その行動が次第に無意識のうちにできるようになることが習熟の証しと言える。

要するに、頭で理解しているだけでは十分ではないということだ。本当の意味でスキルを習得するには、自然にできるようになるまで何度も繰り返す必要がある。望んでいる結果を手に入れるまで必要なだけ繰り返すという心構えが大切だ。

基本2　基礎の習得を徹底する

ほとんどの人が、自分は知識があると思い込んでいる。そして知っているからうまくできるはずだと思い込んでいる。だから物事がうまくいかないと困惑するのだ。その原因は基礎的なスキルが不足していることにある。重要だと思わなかったとか別のことに興味を持ったという理由で、基礎の習得を徹底しなかったのかもしれない。

しかし、悪魔は細部に宿りやすい。細部を見落としてしまうと、目的地から遠く離れた場所にとどまることになる。これは多くの人が陥りやすい罠である。

目標について知っておく必要のあることをすべて理解しているだろうか？　学んだことをすべて応用しただろうか？　それを一貫して実行してきただろうか？

いったん目標を設定したら、それについて知っておくべきことはすべて学ばなければならない。たとえば次のようなことだ。

- 体を鍛えるには、ウエイトトレーニングの基本的な方法を学んでおかないと、求めている結果を得ることはできないだけでなく、ケガをするおそれもある。
- 効果的な勉強法の基礎を学んでおかないと、学んだことの大半を忘れてしまう。
- 健康的な食生活について基本的なことを学んでおかないと、自分は健康的な食生活を送っていると思い込んでしまう。

世の中で最も成功している人たちは基礎の徹底に執念を燃やすが、それには理由がある。基礎がしっかり身についていないと、成長の可能性が限定されるからだ。基礎を徹底しないなら、何をするにしても一流のレベルにはなれない。

タイガー・ウッズはすでに世界最高のゴルファーであったにもかかわらず、自分の技術を磨くことに熱心だった。技術レベルをあげるために雇ったコーチは、「スイングを修正する必要がある」と言った。そこで、タイガー・ウッズはスイングの基本を学び直さなければならないと決意した。興味深いことに、タイガー・ウッズのような状況は珍しくない。パフォーマンスの向上をめざすとき、多くの一流アスリートはまず基本に立ち返る。そうすることによって、スキルを最初から再構築し、次のレベルに高めることができるのだ。

基礎をマスターするためには、次の3つのことをする必要がある。

① 段階を追って学習する
② 学んだことをすべて実行する
③ 必要に応じて基本に立ち返る

以上の3つの構成要素を詳しく見てみよう。

①段階を追って学習する

適切に指導してくれる人やものがなければ、単独で何かを学ぶのは難しい。あなたに必要なのは、段階を追って学習するための詳細な計画である。学習計画が系統立っていれば、進歩を遂げるのはたやすくなる。

じつは、これは私自身が苦労してきたことである。早く進歩したいという気持ちが強かったので、時間をとって基礎を徹底するための練習や情報を省き、手っ取り早く学習しようとしたのだ。

次から次へとセミナーを受講するのが大好きなタイプでも、心配はいらない。あなたは変わることができる。このまま読み進めてほしい。

セミナーや講座、コースに参加するときは、次のことを実行しよう。

- 予定をしっかり組んで、どれくらい長く参加するかを決める。
- 毎日か毎週、一定の時間をとる。たとえば、平日は必ず1時間を当てるようにする。
- 各レッスンのエクササイズをすべて実行してから次のレッスンに進むようにする。
- コースなどを受講するときは一回にひとつかふたつまでにする。あまりにも多くのコースを同時に受講すると成果があがりにくい。

そこで、受講するコースや講座はひとつかふたつに限定し、予定を組み、次のコースに進むまでに成果をあげることに専念しよう。

②学んだことをすべて実行する

基本をマスターして進歩を遂げるには、学んだことを実行する必要がある。それをしないかぎり、大きな成果は望めない。

- コーチの指導をすべて実行する。
- 受講したコースのエクササイズをすべて実行する。
- 読んだ本（たとえば本書）のエクササイズをすべてやってみる。

もちろん、目標が大きくて取り組む範囲が膨大である場合、入手したすべての情報について行動を起こせるとはかぎらない。しかし、どんなに大きな目標であっても、それを達成するために学んだ重要な情報にもとに、一歩一歩着実に行動を起こすことはできる。

③必要に応じて基本に立ち返る

受講したコースや読んだ本にもとづいて行動を起こしたのに、成果が得られなかったことはないだろうか？　もしあるなら、基本に立ち返る必要があるかもしれない。場合によっては、細部を見落としていたことが原因である。入手した情報の有効性よりもまずは自分のやり方を疑うことが重要だ。

いったんベストだと確信する情報を選ぶために全力を尽くしたのなら、その有効性を疑うのは避けるべきである。そのプログラムを信頼し、それにもとづいて行動を起こせばいい。

その際、次の問いを自分に投げかけよう。

- すべてのエクササイズをしっかり実行したか？
- 細部を見落としていないか？

たいていの場合、細部を見落としていたことに気づくはずだ。覚えておこう。何かの達人になるには、そのために必要なすべてのことを実行しなければならない。

たとえば、サービスを売るためのメソッドを提供するトレーニングコースを購入したが、何度やっても成約できないとしよう。もしかすると細部を見落としているのかもしれない。手順を指示どおり実行しているだろうか？　我流でやっていないだろうか？　重要ではないと思って何らかの手順を省略していないだろうか？

最初の成約にいたるまで、そのメソッドをしっかり実行しよう。もし他の人たちがそのメソッドを実行して成果をあげたのなら、あなたも同じことができるはずだ。

基本3　プロセスを信頼する

自分が実行しているプロセスを信頼しているだろうか？　定評のあるコーチを雇い、コースを受講し、本を買って、うまくいかないと思っているなら、すでに戦いの半分に負けている。そのプロセスを信頼し、それで成果をあげるために全力を尽くすべきだ。覚えておこう。もし他の人たちがそれで成功したのなら、あなたも成功するはずだ。「結果が出るまであきらめない」と決意しよう。

たとえば次のようなことだ。

- コーチングのクライアントを見つけるためのコースを受講しているなら、最初のクライアントを見つけるまで全力を尽くそう。クライアントが一人見つかったなら、もっと多くのクライアントが見つかるはずだ。
- アマゾンで電子書籍を出版する方法に関するプログラムを買ったなら、そのプロセスに従って、少なくとも本を一冊出版しよう。
- 定評のあるダイエット法を記した本を買ったなら、少なくとも最初の2キロを落とすまで、その方法に従おう。

ちなみに、さまざまなコースの情報を混ぜ合わせるのは避けたほうがいい。いったんベストな情報を見つけたと思ったら、そのプロセスを信頼しよう。あとでやり方を変えたくなったら、他のコースを試してみてもいいが、成果があがるまではひとつのプロセスを実行することが大切だ。

基本4　謙虚な姿勢で学び続ける

謙虚になって何かを学ぼうとする姿勢を持つことは、効果的な学習のカギのひとつである。また、結果に責任を持てば持つほど、ますます速く成長する。自分が進歩していないことに対して他人や何かを責める前に、もっと積極的に学習し、その結果に責任を持とう。

伝説の投資家ウォーレン・バフェットは数十年にわたって毎日5、6時間、本を読んできた。すでに90代だが、今でも現役として専門知識を深めるために努力している。学ぶべきことが常にもっとたくさんあることを理解しているからだ。特定の分野で最高峰の人ですらたえず学んでいるのだから、あなたもそうすべきである。

要するに、望んでいる結果を手に入れるまで、常に学び成長し続けなければならないということだ。傲慢になって「自分はもう何でも知っている」と思ってしまうと進歩が止まる。

成果をあげるために長年にわたって苦労してきたなら、他人を責めたくなるかもしれないが、克服すべき唯一の課題は自分自身だ。問題は自分の中にあり、解決策も自分の中にある。だから謙虚になって学習に努めれば、すべてが変わり始める。

もし何かがうまくいっていないなら、次の問いを自分に投げかけよう。

- 自分のやり方が間違っているのではないか？
- 別のやり方を試すことはできないか？
- 自分の成功を妨げている本当の原因は何か？
- 誰にアドバイスを求めればいいか？

基本5　長期的視点で考える

前述のとおり、長期的視点で考える能力は、成功を収めるための最も大きな条件のひとつである。長期的なビジョンにフォーカスし、毎日それに従って行動するなら、望んでいる人生を実現する可能性はぐんと高くなる。だから、もしあなたがしている日々の行動が長期的なビジョンにつながっていないなら、ふだんのやり方を見直すべきである。

その道の達人は常に長期計画を立てている。自分の技術を磨くために何年もかけなければ、何事にも秀でることはできないと知っているからだ。

あなたはどうだろうか？　その道の達人だろうか？

もし確信が持てないなら、最近やり遂げた課題をよく思い出すといい。その課題は長期的なビジョンを反映しているか妨げているか、どちらだろうか？　ビジョンに合わせて主体的に未来を創造しているか、周りの環境に振り回されているだけか、どちらだろうか？

長期的視点で考えよう。そうすれば、やがて自分のパフォーマンスが大きく向上することに気づくはずだ。

基本6　コツコツと努力する

その道の達人のもうひとつの重要な特徴は、コツコツと努力することである。コツコツと努力するとは、毎日、長期的なビジョンを追い求めるために何かを繰り返すことだ。少しずつ努力を積み重ねなければ、何に焦点を当てても長続きせず、ほとんど力を発揮できない。

言い換えると、コツコツと努力することは、大木を倒すのに斧を使うのと似ている。大木とは長期目標であり、同じことを繰り返して大木が倒れるまで、何度もその作業を継続する必要がある。
それを具体的に説明しよう。

- 有益な動画を何年間も毎日のように制作してアップロードする。
- 何年間も毎日、本を書いて2か月ごとに出版する。
- 毎日、同じ時間に起きる。
- 毎朝、見込み客に電話をかける。

コツコツと努力すると、やがて勢いがつく。それは大切なことに焦点を定める能力を強化し、自尊心を高め、生産性を飛躍的に向上させる。その道の達人になるためには、どんなに小さな行動であれ、毎日、何かをするためにコツコツと努力しよう。

ただし、100%完璧という状態はありえないことを理解しておく必要がある。完璧な人はいない。だから軌道から外れても、自分を責めてはいけない。自分に思いやりを持ち、再び目標に向かって前進しよう。

基本7　焦点を定める

その道の達人は焦点を散らすのではなく、望んでいる人生を設計するために焦点を定める。覚えておこう。一度にひとつのことにしか焦点を当てることはできない。そして人生を向上させることに焦点を当てなければ、望んでいる人生から遠ざかる。来る日も来る日も常に焦点を当て続けることが、あなたの人生をつくり出す。だから適切なことに焦点を当てよう。そうしなければ、今から10年後、意図していたのとはまったく違う人生を送るはめになる。

一夜にしてその道の達人になることはできない。しかし、達人の心得を身につければ、数か月後か数年後には以前よりもはるかに早くよりよい結果を得ることができる。

その道の達人になるか中途半端な人になるか、どちらになりたいだろうか？　その選択はあなた次第だ。

方法3　効果的な質問を自分に投げかける

脳は検索エンジンに似ている。どんな質問を投げかけても、できるかぎり最高の答えを出そうとするからだ。しかし不幸なことに、ほとんどの人は愚かな質問を投げかける傾向があるので、愚かな答えしか得られない。

あなたはどうだろうか？　ふだんどんな質問を自分に投げかけているだろうか？　それは役に立っているだろうか？　目標の達成を妨げていないだろうか？

究極的に、自分に投げかける問いの質が人生の質を決定する。だから効果的な質問を自分に投げかけよう。

自分に投げかけるべき効果的な質問の具体例を紹介しよう。

時間の使い方に関する質問

- 時間の有効活用とはどういう意味か？
- 今日、今週、後悔せずに生きるためには何をする必要があるか？
- 自分にとって理想的な一日とはどのようなものか？

生産性向上に関する具体的な質問

- 自分は何を成し遂げようとしているのか？　この課題の最終結果はどのようなものになるか？

- 今、人生で最大のボトルネックになっているのは何か？　それを排除するために具体的に何ができるか？
- この課題に対する最高の取り組み方はどのようなものか？
- 目標の達成を手伝ってくれる人は誰か？

特に、次の3種類の質問の仕方は計り知れないくらい大きな価値を持つ。

1　「もし～できるならどうするか？」

このタイプの質問は、あなたが持つ最も貴重な資産のひとつである想像力を活性化させる。人間は自分の未来の姿を想像し、貴重な洞察を得て、具体的な行動計画を立てることができる地球上で唯一の生き物である。したがって、何を達成するにも、その第一歩は想像力を活用することだ。それは「もし～できるならどうするか？」と自分に問いかけることから始まる。たとえば次のような質問がそうだ。

・もし5年後から10年後に自分の最大の目標を達成できるならどうするか？
・もし自分が理想とするキャリアを設計できるならどうするか？
・もし素晴らしいパートナーを引き寄せることができるならどうするか？
・もし自分が何かを成し遂げることができるならどうするか？

2 「～するにはどうすればいいか？」

この質問は創造性をかき立て、新しい可能性に目を向け、問題解決に役立つ方法を考えるのに役立つ。

・3か月後に目標を達成するにはどうすればいいか？
・より短時間でより多くのことを成し遂げるにはどうすればいいか？
・最も効果的な方法で課題に取り組むにはどうすればいいか？
・10年早くリタイアするにはどうすればいいか？
・より多くのお金を稼ぐにはどうすればいいか？

同様の質問として次のようなものがある。

- 成果をあげるために何ができるか？
- 夢を叶えるために何をする必要があるか？

3 「誰が問題解決を手伝ってくれるか？」

自分でアイデアを思いついて実行するのは大切だが、必要に応じて他人の助けを求めることはなんら間違っていない。まず次の質問を自分に投げかけてみよう。

- 誰がこの質問に対する答えを持っているか？
- 誰が以前にこの問題を解決したことがあるか？
- 誰がこの目標をすでに達成したか？
- 誰とより多くの時間を過ごしたいか？

・誰が私と同じ価値観を共有しているか？

現在、地球上には70億人以上がいて、インターネットにアクセスすればワンクリックでその人たちと連絡をとることができる。どんな夢や目標でも、それを実現するために必要なスキル、経験、資源、お金、人脈を持っている人がたくさんいる。その人たちに手伝ってもらおう。

長期的に見ると、ふだんから考えていることは、よかれ悪しかれ現実になりやすい。自分が何に焦点を当てるかを大きく決定づけるのは、自分に投げかけている質問である。だから常に有意義な質問を自分に投げかけよう。

方法4 工夫して課題に取り組む

生産性とは、できるかぎり多くの課題をやり遂げることではない。単純な仕事ならそれでいいかもしれないが、ほとんどの人は考えることが求められている。経営学者ドラッカーの言葉を引用するなら、物事を正しくするのではなく、正しいことをしなければならない。言い換えると、自分が取り組んでいることが、今できる中で最も重要なことかどうかを常に考え、そうであるように努めるべきだということだ。
これから紹介する7つのステップは、できるかぎり効果的にどんな課題でも取り組めるようにするためのものである。しっかり身につくまで、このステップを実行しよう。

ステップ1　課題に優先順位をつける

何に取りかかるときでも、まず次の質問を自分に投げかけよう。

- 今日ひとつのことしかできないとすれば、どの課題が最も重要か？
- この課題に取りかかれば、目標に近づけるか？
- 本当にこの課題は今すぐする必要があるのか、あとでするべきか？

優先順位という観点から考え、大局的見地に立つように自分を訓練しよう。見通しを誤って全体的な戦略を忘れると、たやすく重要ではない課題に時間を浪費することになりかねない。

ステップ2　本当に大切な課題かを見きわめる

取り組む必要のある課題かどうかを見きわめるために、次の質問を自分に投げかけよう。

- 本当にこの課題に取り組む必要があるのか？
- 今が取り組む最適なタイミングか？　もし1週間か1か月、あるいは無期限に遅らせたらどうなるか？
- 課題に取り組んでいるのは、本当に取り組む必要性があるからなのか、それとも気分をよくするためか？　もしかすると、この課題に取り組んでいるのは、本当にすべきことから逃げるためではないか？

そもそもする必要のないことに取り組むことほど非生産的な活動はない。以上の質問に答えると、そういう間違いをおかさずにすむ。

ステップ3　課題に取り組むにあたってする必要があることを明確にする

課題に取りかかる前に、何が求められているかを正確に把握しておこう。そのためには、次の質問を自分に投げかける必要がある。

- 何をする必要があるか？
- 何を成し遂げようとしているか？
- 最終結果はどのようになるか？

以上の質問に具体的に答えよう。結果がどのようなものになるべきかを正確に把握することによって手順を最適化し、より効果的に課題に取り組むことができる。

ステップ4　自分がすべきかどうかを決定する

あなたには強みもあるが弱みもある。だから可能な範囲内で、よりうまく、より速く、より安くやり遂げられる人に課題を任せることが重要だ。

次の質問を自分に投げかけよう。

- この課題は私が時間を割く価値があるか？
- 別の人のほうが私よりうまくできるのではないか？　もしそうなら、その人に助けを求められるか？
- この課題をやめるか後回しにしたらどうなるか？
- この課題に取り組むのは楽しいか？　やる気がわいてくるか？

得意ではないことは誰かに任せて、得意な課題に集中する習慣を身につけよう。時間はお金よりも貴重である。だから時間を節約するためにお金を使おう。

ステップ5　課題に取り組むのにより効果的かつ効率的な方法を見つける

エイブラハム・リンカーンは「木を切るために6時間かかるなら、最初の4時間は斧を研ぐために使う」と言っている。

課題に取り組むための最善の方法を考えるために数分を費やすことは、その後の膨大な時間を節約するのに役立つ。次の質問を自分に投げかけよう。

- この課題をより速くやり遂げるには、どんなスキルを身につければいいか？
- できるだけ効果的かつ効率的にこの課題をやり遂げるには、どんなツールを使い、誰に頼んだらいいか？

たとえば、プレゼンテーションの資料を作成するように頼まれたとしよう。しかし、それを最初から作成するのではなく、以前のプレゼンテーションを再利用するか修正することはできないだろうか？　既存の文章や方法、知識を活用することをめざそう。合理的に考えよう。すでにあるものを無視してゼロから取り組む必要はない。

要するに、どんな課題であれ、それに取り組む前に、最適なやり方を考えるために数分かけるということだ。この習慣だけでも膨大な時間と労力を節約できる。

ステップ6　目の前の課題を他の同様の課題とひとまとめにする

一部の課題は同じような労力や準備が必要な他の課題と組み合わせることができる。たとえば、多くのユーチューバーは一日に一本ずつ動画を制作するのではなく、一週間分あるいは一カ月分の動画をまとめて作成している。
次の質問を自分に投げかけよう。

- 生産性を向上させるために、目の前の課題を他の同様の課題とひとまとめにすることはできないか？

ステップ7　課題を自動化させる

最後に、課題を自動化させる方法を探すべきである。それが繰り返しをともなう課題であれば特にそうだ。

次の質問を自分に投げかけよう。

- この課題や同様の課題に取り組むたびに再利用できるテンプレートをつくることはできないか？（たとえば、特定のメールやプレゼンテーション、文書のためにテンプレートをつくる）
- チェックリストをつくることはできないか？（チェックリストがあれば、決められ

たステップに従えばいいから、注意をそらす可能性が低くなる)

方法5 考える時間を予定に入れる

時間を有効に使うためには、たとえ週に30分でも考える時間を確保することが不可欠だ。長い目で見ると、これは膨大な時間を節約するのに役立つ。次の質問を自分に投げかけよう。

- 今週の時間の使い方に満足しているか?
- 今、何がうまくいき、何がうまくいっていないか? そして、それはなぜか?
- 今週していることを続ければ、最も重要な目標を達成できるだろうか? もしできないとすれば、何を変える必要があるか? 来週、目標に向かって効果的に進歩を遂げるために、何かひとつ新しくできることはないか?
- 今週、どんな貴重な教訓を学んだか?
- 今、自分にとって最大のボトルネックは何か? 結果を最大化するために、今、どんな障害を取り除くべきか?

エクササイズ

1 最も達成したい目標をひとつ選ぼう。学習曲線を短縮し、できるだけ素早く目標を達成するためにできることを書きとめよう。

2 達人の心得を身につけたら、今までとどんな違うやり方をするかを書きとめよう。

3 「〜できるならどうするか?」「どうやってするか?」「誰が助けてくれるか?」の各カテゴリーで少なくともひとつの質問を考え、それに答えよう。

4 課題をひとつ選び、「7つのステップ」にもとづいて効果的なやり方を実行しよう。課題に取り組むときは必ず「7つのステップ」に従おう。

5 考える時間を30分から1時間確保しよう。考えるために、本書で紹介した数々の質問に答えよう。

スキルを磨く

時間はかぎられているが、与えられた時間内に成し遂げる仕事の量を改善することは誰でもできる。時間を「増やす」ための効果的な方法は、既存のスキルを伸ばすか新しいスキルを開発することだ。開発すべき最も重要なスキルは、よりうまく、より早く学ぶ能力である。これは変化し続ける世界において特に大切だ。しかも変化の速度が遅くなることはない。それどころか変化の速度はますます速くなるばかりである。

既存のスキルを伸ばすことに関して、まずすべきことは取り組む必要のあるスキルを見きわめることだ。もし既存のスキルのひとつを伸ばすとすれば、どれが最も生産性を高めるだろうか？　その特定のスキルを伸ばしたあと、生産性をさらに高めるために身につける必要のある新しいスキルを見きわめよう。

たとえば、多くの人はパソコンの前で膨大な時間を費やして情報を入手し、報告書を作成し、メールに返信するなどの作業をしている。そこで次のことを考えてみよう。

- 仕事でスプレッドシートを使っているなら、そのためのコースを受講するといい。
- タイピングが遅いなら、タイピングのスピードを速くすることに取り組むといい。
- メールの返信に時間をかけすぎているなら、そのための時間を確保するといい。
- パソコンのファイルを探して膨大な時間を浪費しているなら、整理するスキルを磨く必要がある。

要するに、時間を最大限に活用するためには、スキルを伸ばす必要があるということだ。スキルを伸ばせば伸ばすほど、パフォーマンスは向上する。

エクササイズ

長期的視点に立って、生産性を高めるために学ぶべき新しいスキルや伸ばすべき既存のスキルを書いてみよう。

計画的な練習でスキルを伸ばす

スキルを伸ばそうとするなら、計画的な練習をする必要がある。つまり、特定の意図を持って計画的に取り組み、集中して練習するということだ。そのためには、自分がなぜそれをするのか、どんな結果を得ようとしているのかを知っておかなければならない。

人びとは「自分は特定の分野で数十年の経験がある」と言うが、それは誤解である。実際には特定の分野で数十年働いてきたというだけだ。おそらく真実はこうである。最初の2、3年はスキルを磨いたが、そのあとは何年間も同じことを繰り返して、ほんの少し進歩した程度にすぎない。

その点に関して次の研究を読むと、目からうろこが落ちるだろう。

ハーバード大学の研究によると、数十年の経験を持つ医師たちは、ほんの数年の経験しか持たない医師たちと比べて患者によりよいケアを提供できていない。

数十年の経験を持つ医師たちは若い医師たちよりもずっと優れたスキルを持ってい

るように見えるが、ハーバード大学の研究では、そうではないようだ。同じことが看護師にも当てはまるらしいが、もしかすると他の多くの職業にも当てはまるのではないだろうか。

要するに、何かに秀でるには、たえずスキルを磨かなければならず、そのためには計画的な練習をする必要があるということだ。しかし、それは困難な作業なので、ほとんどの人はそれをやりたがらない。

では、「計画的な練習」とはどのようなものだろうか？

フロリダ州立大学の心理学者アンダース・エリクソン教授は『超一流になるのは才能か努力か？』（文藝春秋）という著書の中で、計画的な練習について7つの特徴を説明している。

1 効果的なトレーニング方法が確立されているスキルを伸ばす
2 かなり苦しい努力を必要とし、あまり楽しくない
3 特定の明確な目標をともなう
4 十分に注意を向けて意識的に行動する必要がある

5　たえずフィードバックを求め、それをもとに修正する
6　頭の中でスキルを明確にイメージする必要がある
7　伸ばす必要のあるスキルのいくつかの側面に焦点を当てることによって、既存のスキルを磨くか新しいスキルを開発する

具体例を紹介しよう。万能の天才とたたえられるベンジャミン・フランクリンは、書くスキルを磨きたかった。そこで3つの分野に焦点を絞ることにした。すなわち、文体、語彙、構成である。

フランクリンがおこなった計画的な練習は次のような内容だった。

- 文体：イギリスの日刊紙『スペクテイター』の記事を調べ、数日後にそれを書いてみて自分の文章と原文を照らし合わせて文体を修正した。
- 語彙：『スペクテイター』の随筆を自分で書いてみて、自分の語彙を原文と比較した。
- 構成：特定の記事の全文をまとめて紙の上に書き、数週間後、自分がその記事を正しい順番で書けるかどうかを試し、自分の文章を原文と比較した。

フランクリンが意図して計画的な練習をしていたことは、次の事実がはっきり示している。ちなみに、（　）内の数字はエリクソン教授が指摘している7つの特徴と符合する番号である。

- 練習は多大な労力を必要とし、あまり楽しくなかったはずだ。（2）
- 特定の記事を原文に忠実に再現できるまで書くという明確な目標を持っていた。（3）
- よく注意をし、意識的に行動する必要があった。（4）
- 自分の文章の出来栄えを判断するために原文を見ることによってフィードバックを得ていた。（5）
- たえず練習することによって、頭の中でスキルを明確にイメージし、それを潜在意識に焼きつけて、書くときにそのイメージを活用していた。（6）
- さまざまな側面（文体を改善し、語彙を豊富にし、構成を整える）に焦点を当てることによって、特定のスキル（文章力）を磨くことに努めていた。（7）

フランクリンがスキルを伸ばすために既存のメソッドを使っていたかどうかはわからない。おそらく願望を実現するために独自のテクニックを考案したのだろう。文章力を磨くための並々ならぬ決意がうかがえる。

計画的な練習を取り入れると、その目的のために費やす時間の価値を高めることができる。要するに、時間をより有効に活用し、より速く進歩を遂げることができるということだ。こういう練習は必然的に集中力を高めることになる。

計画的な練習をするのに役立つことを紹介しよう。

- 自分が追い求めている目標をすでに達成した人たちが使っていた特定のプログラムやコース、マニュアルを見きわめる。
- コーチを雇う。
- メンターを見つける。
- 同様の結果を収めた友人にアドバイスしてもらう。

エクササイズ

既存のスキルを磨いたり新しいスキルを開発したりするために、どうすれば計画的な練習ができるのかを考えてみよう。

思考力を磨くことによって時間の価値を高めることができる。大局的な見地に立って戦略を練ることによって、より大きな成果をあげることができる。

次章では、時間を保存する方法を紹介しよう。

MASTER YOUR TIME

第15章

時間を保存する方法

繰り返し述べているとおり、時間は私たちにとって最も貴重な資源のひとつである。
いったん過ぎ去った時間は永久に失われる。
しかも残念なことに、あとで使うために時間を保存することはできない。
いや、はたしてそうだろうか？
時間を止めることはできないが、あとで使うために時間を「買い戻す」方法がある。
そのためのツールはお金である。

時間を保存するためにお金を使う

多くの人は自分の社会的地位を高めたり、権力を得たり、高級品を買ったりするためにお金をたくさん稼ごうとやっきになっているが、私の意見ではお金の真価はそこにはない。

お金の真価は、時間と労力を保存し、それをあとで使えるようにする力にある。実際、お金を貯めれば、時間を買い戻すことができる。時間に対する支配力を強化するためには、お金の本質をよく理解し、それを使って自由を手に入れる方法を学ぶ必要がある。

たとえば、毎月お金を貯めれば、他の人たちより数年か数十年早くリタイアできるかもしれない。これはＦＩＲＥ（経済的自立と早期退職）を提唱している人たちがめざしていることだ。あなたが貯めたお金は、賢く投資することによって自分のために役立てて増やすことができる。

お金は自由を得るための手段とみなそう。自由とは、時間という最も希少な資源をより有効に活用できることを意味する。こんなふうに考えてみよう。お金があれば、労働の成果を保存することができる。それがなければ、生活資金を得るために永久に働き続けることになる。お金を貯めるたびに、未来の一部を買い戻す機会を得ることができる。要するに、お金を貯めると選択肢が増えるということだ。十分なお金を貯めることができれば、しばらく仕事を休み、副業にお金を投資し、収入はあまりよくなくても、より楽しい仕事に転職することができる。

お金は選択肢を増やし、時間を取り戻すことを可能にするので、お金を貯めることは究極の生産性向上のためのツールだと言えるかもしれない。

一方、お金をたくさん稼いでも、それを貯めて賢く投資しなければ、いつまでたってもあくせく働くことになり、自分の時間をコントロールすることができない。しかもピンチの際にほとんどすべて（仕事、家屋、ライフスタイルなど）を失うおそれがある。

もし借金をしているなら、さらに具合が悪いことになる。借金をしていると、自分の時間を使って債権者に返済しなければならないからだ。その時間は自分のニーズを満たすために使うことはできないし、将来使うために保存することもできない。

要するに、お金は悪いものではなく、むしろ労働の成果を保存し、時間を買い戻すために活用できるよい手段であるということだ。自分の時間をコントロールするには、お金との関係を再検証すべきである。お金は保存された時間であることを理解しよう。あとで時間を買い戻せるように、より多くのお金を貯めて賢く投資しよう。

そして、時間を保存できるなら何をするか紙に書いてみよう。たとえば、早期に退職する、転職する、趣味により多くの時間を費やす、などなど。

賢い消費者になる

私たちはお金（と時間）に見合う価値があるかどうかを検証せずに何かを買うことがよくある。何かを買うべきかどうかを判断するには、それを買うために何時間働く必要があるかを計算すればいい。たとえば９００ドルの新しいスマートフォンを買いたいとしよう。時給15ドルなら、それを買うには60時間働く必要がある。では、それは多いか少ないか？　それは私にはわからない。あなたがそのスマートフォンにどれくらいの価値を見いだすかによる。より安いモデルを買ったほうがあなたにとってはいいかもしれないし、値段とは関係なく、そのスマートフォンがとても気に入っていて買いたくて仕方がないのかもしれない。

複利効果で将来の選択肢を広げる

あらゆる購入は「機会費用」(ある経済的行為を選択することによって失われる他の経済的行為)をともなうことを理解しておこう。たとえば、新しいスマートフォンを買うと同時にそのお金を貯めることはできない。お金を使うと、それを投資に回すことはできない。言い換えると、お金を使うたびに、貯めたお金を手放しているのだ。投資したお金は数十年後には何倍にも増える可能性があるから、何を買って、何を買わないかを選ぶことは、あなたが思っているよりもずっと重要である。

たとえば、大学を卒業して最初の仕事に就いたばかりだとしよう。お金を稼いでいることにワクワクし、自分に褒美を与えたくて、かっこいい車を買うことにした。そのためには3万ドルのローンを組んで、数年かけて返済しなければならない。それは本当に何も間違っていないのだろうか? 今、あなたはしっかりとお金を稼いでいるので、一見するとこの購入はなんの問題もないように思えるかもしれないが、じつは大きな機会費用をともなう。

たとえば、その自動車ローンの総額が利息を含めて4万ドルになるとしよう。そして、それを完済するのに8年かかる場合、月々417ドルずつ返済していかなければならない。つまり毎月417ドルはそれ以外のことには使えないということだ。

では、もし8年間にわたって月々417ドルを投資し、インフレ率を差し引いて年間5%のリターンが得られるならどうだろうか。8年後には4万7千783ドルを貯めることができる。だが、もっと素晴らしいことがある。リタイアするまで数十年にわたってそのお金を複利で増やすとしよう。その期間を30年とすると、30年後には20万6千516ドルになっている。いかがだろうか?

これだけのお金が銀行口座にあれば、より多くの選択肢に恵まれる。たとえば、計画しているより少し早くリタイアできるかもしれないし、リタイアしたときに毎月より多くのお金が得られるかもしれない。

要するに、お金を貯めるのは、時間を保存することなのだ。お金を使うのではなく貯めるか投資することによって、好きなように時間を買い戻すことができる。たとえば次のようなことだ。

- 苦手な課題を誰かに依頼して、空いた時間で楽しいことをする。
- 早期にリタイアして趣味により多くの時間を使う。
- 転職して、自分にとってより有意義な仕事に就く。

あなたはいつでもより多くのお金を稼ぐことができるが、より多くの時間を得ることはできない。したがって、時間を保存するツールとしてお金を使おう。より多くのお金を使って、より多くのお金を貯めたいなら、収入を増やす方法を見つけなければならない。

次の図表では、複利効果の力を示すために、さらにシナリオを付け加えた。すなわち、5%ではなく7%のリターンを得るか、30年ではなく40年にわたって一定額の収入を投資すればどうなるかを見てみよう。

47、783・4ドル（毎月417ドル×8年間）を投資する		
	5%の年利の場合	7%の年利の場合
30年後	206、515・98ドル	383、737・45ドル
40年後	**336、392・77ドル**	**715、526・62ドル**

次に、資産が100万ドルに達するには、年利7%として40年間にわたって、どれぐらい投資する必要があるかを示す図表を作成した。その場合、毎月390ドルを投資し続ける必要があることになる。

年利7%で毎月390ドルを投資する	
10年後	69、261・16ドル
20年後	205、508・35ドル
30年後	473、527・20ドル
40年後	**1、000、760・83ドル**
50年後	2、037、909・20ドル

ちなみに、米国株式市場で取引される上位500社の株価をもとに算出される株価指数である、S&P500の平均的リターンは、1926年の創設以来ずっと年間ほぼ10%だった。それを考慮すると、年利7%はわりと現実的な数字である。

エクササイズ

1 買いたいものを書きとめよう。

2 1で書いたものを買うためには何時間働かなければならないかを計算しよう。

3 最後に、1で書いたものを買うことに代わる選択肢があるかどうかを見きわめよう。より安くて同等の価値をもたらすものを買うことができるか？ あるいは、より効果的にお金を使う方法があるので、買うのを断念すべきか？

MASTER YOUR TIME

第16章

時間とお金を切り離す

かのウォーレン・バフェットは「眠っているあいだにお金を稼ぐ方法を見つけなければ、死ぬまで延々と働き続けるはめになる」と言っている。

時間はお金よりずっと希少である。もし今、お金の問題を抱えているなら、そんなふうには思えないかもしれないが、時間を大切にすればするほど、長期にわたってより多くのお金を稼げる可能性が高くなる。それはすぐにはできないが、辛抱強く取り組めば、やがてできるようになる。

この章では、時間とお金を切り離すことの重要性について説明しよう。このやり方を習得するには膨大な作業が必要になるが、時間とお金に関する考え方を変えるのに役立つヒントをお伝えしたい。なお、このテーマについてもっと学びたいなら、ロバート・キヨサキ著『金持ち父さん貧乏父さん』(筑摩書房)を参考にしてほしい。

お金を重視するか、時間を重視するか

次のふたつの文を読んで、今の自分がどちらに該当するか考えてみよう。

- お金を節約するために時間を使っている。
- 時間を節約するためにお金を使っている。

時間の使い方がうまくなるにつれて、お金を節約するために時間を使うよりも、時間を節約するためにお金を使うことのほうが大切だと気づくようになる。これは時間のほうがお金よりも希少だという理由による。今、たくさんのお金を稼いでいないなら、時間の節約のためにお金を使うのは難しいと思うかもしれないが、とりあえず読み進めてほしい。

時間をより大切にするための第一歩は、自分の1時間が実際にいくらの価値があるかを計算することだ。それには月収を一か月の労働時間で割ればいい。たとえば、週の労働時間が40時間で月収が4千ドルなら、時給は25ドルということになる。

これで自分の労働に対する1時間の価値がわかったので、自分の時間を最大限に活用しているかどうかを判定することができる。

たとえば、一部の人は食料品の数ドルを節約するために何時間も割引券を集めている。また他の人たちは大売出しを利用するために店の前で何時間も並んでいる。この人たちは時間の真価を理解していない。その結果、時間を有効に使っていない。考え方を変えないかぎり、たぶん大金を稼ぐことはできないだろう。

一方、時間を大切にしている人たちは単に数ドルを稼ぐために何時間も費やさない。その代わり、その時間を副業に励んだり、新しいスキルを学んだり、好きな趣味に打ち込むために使う（ただし、割引券を集めることや行列に並ぶことを趣味にしているなら、有意義な時間を過ごしていると言えるかもしれない）。

時間を大切にすればするほど、長い目で見るとお金をたくさん稼げる公算が大きい。あなたはどうだろうか？　時間よりもお金を重視しているだろうか？　もしそうなら、それを変えるために具体的にどんなことができるだろうか？

要するに、お金を節約するために時間を使うのではなく、時間を節約するためにお金を使うほうが得策であるということだ。

エクササイズ

1 時間よりもお金を重視していることがあればすべて書こう。

2 次に、時間はお金よりもずっと希少だと認識しているなら、どんな別の方法を実行するかを書こう。

時間をお金と交換するのをやめる

ほとんどの人はお金のために自分の時間を売っている。つまり、1時間あたりの労働に対して給料をもらうパターンだ。もちろん、それは間違っていないし、多くの人にとっては好都合である。だが、問題は一日は24時間しかなく、しかも休養をとる必要があるので働ける時間がかぎられていることだ。したがって、時間をお金と交換することによって稼げる金額には上限がある。

しかし、もし労働時間を減らして、より多くのお金を稼ぎたいならどうすればいいだろうか？

その場合、時間をお金と交換するのをやめなければならない。あるいは、お金のために働くのではなく、お金に働いてもらわなければならない。

そのためにはレバレッジを活用する必要がある。レバレッジとは、かぎられたリソースを活用して最大限のリターンを得ることだ。それについては次項で詳しく説明しよう。

時間を最大限に活用する

あなたにはふたつの選択肢がある。自分の時間を売るか、それをレバレッジするか、どちらかだ（両方を混ぜ合わせるやり方もある）。

わかりやすく言えば、従業員として自分の時間を売ることもできるが、次の方法で自分の時間を最大限に活用することもできるということだ。

- 何倍もの対価をもたらす資産をつくる（本、オンラインコース、ユーチューブ動画、フランチャイズなど）
- プロジェクトごとに支払いを受ける（完了までの時間数に関係なく、成果に対して支払いを受ける）
- 他の人たちの時間を使う（従業員を雇うか誰かに働いてもらう）

以上のどれかをすると、時間の価値を高めることができる。本がよく売れれば、給料制の仕事より時間当たりの収入が増える。ユーチューブチャンネルの登録者数が増えれば、「受動的」な収入がたくさん得られる。成果の対価をもらい、少しの作業で多くの価値を提供すれば、収入を増やすことができる。人を雇うことによって、より多くの収入が得られる課題に取り組むための時間をつくることができる。もちろん、計画どおりに物事が運ばないリスクもあるが、ゲームにはリスクと報酬は付き物だ。

自分の時間をうまく使いたいなら、時間を切り売りするのではなくレバレッジをかける方法を学ぶ必要がある。自分の時間をより有効活用するために使えるものを列挙しよう。

①他の人たちの時間
②他の人たちのお金
③他の人たちの知識
④他の人たちの影響力
⑤テクノロジー

以上の各項目について説明しよう。

①他の人たちの時間

あなたの時間は希少だが、他の人たちの時間をレバレッジすることによって、単独ですするよりもはるかに多くのことを成し遂げられる。しかもはるかに短い時間でそれができる。前述のとおり、人を雇うことによって、自分の課題を完成させるのに役立てることができる。そうすることで時間を節約し、節約した時間で得意な課題に取り組むことができる。私の例で言うと、編集者、校正者、翻訳者、装丁家、ナレーターを雇うことによって、他の人たちの時間をレバレッジしている。

実際、私はそれらの作業に必要なスキルを持っていないから、そうする他に選択肢がない。たしかに翻訳ソフトを使ったり自分でカバーデザインを担当したりすることもできるが、たぶん高品質な結果は得られそうにない。

他人の時間を使って、他のことをすることもできる。たとえば、片づけ業者や造園業者などを雇い、それで空いた時間を使って仕事やプライベートで自分にとって有意義な作業に取り組むことができる。

別の例を紹介しよう。

数か月前、私は信頼できる友人に連絡して、自分が持っている仮想通貨のごく一部をその人自身の仮想通貨と一緒に運用してもらった。彼にとっては資金の運用の手間が増えたわけではなく、私も自分の時間を使ったわけではない。要するに、私は彼の時間を使って自分のお金をレバレッジしたのだ。

ただし、完全に信頼している人でないかぎり、自分のお金を他人に運用してもらってはいけない。もちろん、私も注意を怠らなかった。自分の総資産の1%を運用してもらっただけである。

あなたはどうだろうか？　他人の時間をレバレッジして自分のために時間をつくることができるなら、誰を雇って、自分はその時間に何をするだろうか？

② 他の人たちのお金

あなたはお金を持っていないかもしれないが、お金を持っている人はたくさんいる。他人のお金を使うことは、時間を節約するための効果的な方法かもしれない。たとえば次のようなことだ。

- 銀行ローンを組んでお金を借り、一戸建てやマンションを買って、自分が住むか誰かに貸す。それをうまくすることによって、他人のお金を使って資産を買い、たぶん値上がりするかキャッシュフローを生み出すことができる。
- 製品やサービスのための基金を立ち上げる。前述した友人のリチャードは自費出版に必要な数千ドルの資金をクラウドファンディングで集めることができた。それは彼が稼がずに得たお金であり、時間を節約することができた。

要するに、どこに住んでいても、低金利でお金を借りることができれば、住宅ローンを組むか物件を借りることを検討するといいだろう（ただし、事前に綿密な調査をしてからにすべきである）。また、今後のプロジェクトのためにお金が必要なら、インターネットで資金調達をするといいかもしれない。

あなたはどうだろうか？　他人のお金を効果的に使う方法はあるだろうか？

③ 他の人たちの知識

現在、インターネットのおかげで、いろいろなことをたいてい無料で学べるようになった。たとえば、どの分野でも一流の専門家の本を読むことができる。専門家たちは数十年の経験を数百ページに凝縮して、手軽に学べるようにしてくれている。

前述のとおり、すでに確立している知識や技術を再び一からやり直す必要はない。他人の知識や技術を使って数十年におよぶ彼らの経験をレバレッジすれば、貴重な時間を節約することができる。たとえば次のようなことだ。

- 一流の専門家の本を読んで、できるだけ多くのことを学ぶ。

- 周囲の人にアドバイスを求めて、彼らのスキルと経験をレバレッジする。
- 高品質のコンテンツを吸収し、学んだことにもとづいて行動を起こす。

あなたは時間を節約するために他人の知識をどのように活用するだろうか？

④ 他の人たちの影響力

人脈が広がれば、問題を解決して目標の達成を手伝ってくれる人に出会える確率が高くなる。人脈はよりよい仕事につながり、より多くの製品やサービスの販売を促進し、パートナーシップを結ぶのに役立つ（もちろん、それ以外にもたくさんの恩恵がある）。

したがって、必要なときは遠慮せずに助けを求めよう。友人や知人はより速く、より効果的に問題を解決するのに役立つ。これは膨大な時間の節約につながる。

では、時間をより有効活用するために、自分の人脈をどのように使えばいいだろうか？

エクササイズ

重要な目標を達成するうえで、自分の人脈をどのように役立てることができるか書いてみよう。

⑤テクノロジー

時間の価値を高めることに関して、テクノロジーはきわめて大きな力を発揮する。驚異的なレバレッジを提供してくれる。テクノロジーを活用すればするほどいい。テクノロジーとは、インターネットやそれによってできるすべてのことを指す。たとえば次のようなことだ。

- アマゾンやその他の多くのウェブサイトでデジタルか物理的な製品を売る。
- イーベイで売り手になる。
- ユーチューブの動画で自分の事業をアピールする（またはフルタイムのユーチューー

バーになる)。

- ショッピファイなどを利用して自分の製品を売る。
- プリントオンデマンドを利用して、在庫を抱えることなく製品を売る。
- フェイスブックやユーチューブ、アマゾンなどのメジャーなプラットフォームで販売促進の広告を掲載する。
- エアビーを使って家を貸す。

さらに、テクノロジーを活用して自分の多くの課題を自動化することもできる。たとえば次のようなことだ。

- ザピアーなどの操作を自動化できるソフトウェアを使ってプロセスを自動化する。
- エクセルのスプレッドシートを作成して仕事量を減らす。
- 新規の登録者やクライアントにメールを送信するための自動返信サービスを活用する。
- バッファなどのソーシャルメディアを管理するソフトウェアを使って一か月のSN

Sの記事を予定する。

私は自分の事業をシンプルにするために、常に新しいテクノロジーを使うようにしている。自分の時間を確保し、より自由を楽しむために、一日24時間、年がら年中、テクノロジーを役立てているのだ。

要するに、時間はとても希少だから、他の資源をレバレッジして有効に使うべきだということだ。課題をアウトソースするか、友人や知人に支援やアドバイスを求め、インターネットで資金を集め、教育コンテンツを活用し、できるだけ頻繁にテクノロジーを利用しよう。

パート5では、驚異的な集中力を養って生産性を飛躍的に向上させるにはどうすればいいかを説明しよう。

PART

5

驚異的な集中力を養う

時間の流れをコントロールすることはできないが、流れてゆく時間の中でも、最も大切な活動に焦点を当てることはできる。モチベーション講演家のアール・ナイチンゲールの名言を思い出そう。

「夢が実現するには時間がかかるからといって、あきらめてはいけない。いずれにしても時間は過ぎ去るのだから」

まったくそのとおりだ。**いずれにしても時間は過ぎ去るのだから、今この時間を使って何かをしたほうがいい。**

生産性の向上に関するかぎり、何にどれくらい集中するかが最も大きな意味を持つ。時間の有効活用とは、マルチタスキングをせずにひとつの課題に集中するということだ。集中することは、仕事に打ち込む度合いを強化し、課題に取り組んでいる時間の価値を高める。

覚えておこう。あなたが一日の中で持っているエネルギーは限定されている。そして、それはどれだけ成し遂げられるかを決定づけるボトルネックになっている。集中力は、その希少なエネルギーを浪費せずに有効活用することを可能にする。しかし残念ながら、ほとんどの人はエネルギーを効率的に使っておらず、毎日、集中力を乱して膨大なエネルギーを空費している。

たとえば次のようなことがそうだ。

- **ひとつの課題から別の課題にたえず切り替えている。**そのために脳が深く集中している状態になりにくく、そのプロセスで膨大なエネルギーを浪費している。
- **一日の中で何度も中断している。**そのため集中力がたびたび途切れがちで、課題に再び集中するために膨大なエネルギーを必要としている。
- **メールを何度もチェックし、フェイスブックのニュース記事を読み、スマートフォンをたえずいじっている。**この習慣は集中力をそぎ、それまでの勢いをつぶしている。
- **一日の中で、まず重要ではない課題に取り組み、あとになってようやく最重要課題に取りかかっている。**もちろん、そうするだけの意志力、エネルギー、集中力があればいいのだが、たいていそうではない。

カリフォルニア大学アーバイン校の心理学者グロリア・マーク教授は、オフィスワーカーは平均すると11分ごとに作業を中断していることを発見した。だが、もっと具合の悪いことに、それまでの集中力のレベルに戻るまでに約20分かかる。

マルチタスキングも大きな問題である。スタンフォード大学の心理学者クリフォード・ナス教授はマルチタスキングの悪影響に警鐘を鳴らし、こう語っている。

「どの調査結果もほとんど同じで、ふだんマルチタスキングをしている人たちは大きな欠点をあらわにしている。彼らは認知能力を必要とするあらゆる種類の課題が基本的に苦手であり、それにはマルチタスキングも含まれている」

ナス教授はさらにこう言っている。

「いつもマルチタスキングをしている人たちは自分の課題と無関係のことを排除することができない。彼らはいつも注意散漫だ」

要するに、マルチタスキングでは作業がはかどらず、注意が散漫になって生産性を低下させているということだ。あなたが持つ最も貴重な資産のひとつは集中力である。マルチタスキングをしたり注意をそらしたりして集中力を下げてはいけない。

前述のとおり、生産性を高めるために複雑なテクニックや仕組み、ツールは必要ない。それらはわずかな効果しかなく、すでにかなり生産的な人たちに対してだけ役に立つ。そこで、あなたがする必要があるのは、次のふたつだ。

- **目の前にあるひとつの課題に完全に集中すること**
- **それが目標の達成に役立つ重要課題であること**

生産性向上に関してひとつだけ覚えておくとすれば、それはこうだ。

生産性を高めるための最も効果的な方法のひとつは、取り組むべき適切な課題を見きわめ、それに毎日少なくとも45分は集中し、注意をそらすものや中断させるものを排除することである。

したがって、何よりも前にする必要のあることは、毎日45分間、深く集中している状態に入ることだ。毎日45分間、中断せず、ルーティンを変えずに重要課題に取り組むだけで生産性を飛躍的に高めることができる。

やがて練習を重ねるにつれて、さらに45分間、中断せずに作業に集中し、それができれば、さらに45分間延長しよう。この習慣は、より複雑な生産性を高める仕組みが必要になったときの土台になる。

パート5では、フロー状態に入って、ひとつの課題に集中し続けるために具体的に何ができるかを詳しく見ていこう。

MASTER YOUR TIME

第17章

生産性を高める究極のツール

生産性を高める究極のツールを知りたいだろうか？

あなたはすでにそれを知っている。

その答えは集中力だ。

集中力は驚異的な力を持っている。他のすべてのことを排除して、自分の全エネルギーをひとつの課題に注ぐことができるからだ。十分に長いあいだ集中すれば、精神状態が変化し、より冷静になり、自分をよりコントロールすることができる。不安や心配は消え、目の前の課題に完全に没頭することができる。この精神状態になっているとき、生産性は飛躍的に高まり、より多くのことを成し遂げられる。

長時間にわたって集中力を維持すると、凡人でも天才に変身することができる。少なくとも周囲の人の目にはそう映るだろう。集中力を研ぎ澄ますと、ひとつのことにエネルギーを注いでエネルギーの損失を最小化することができる。要するに、集中力があれば、持っているすべてのエネルギーを投資できるのである。

周囲を見渡せば、多くの賢人が才能を発揮し損なっていることがわかるだろう。彼らは明確な方向性を持たず、自信に欠け、自分を律していない。その結果、本来の能力よりずっと低いレベルでのパフォーマンスにとどまっている。一方、多くの普通の人たちが素晴らしいことを成し遂げ、社会に大きく貢献している。その主な要因は、長期にわたって集中力を維持していることだ。その極限の集中力はIQを少なくとも20ポイント高めるぐらいの作用がある。

あなたはどうだろうか？　どれくらい集中力があるだろうか？

驚異的な集中力を養えば、生産性に関する問題の大半は消える。それを長期にわたって実行すれば、驚異的な成果をあげることができる。

驚異的な集中力を養いたいなら、重要な原理を応用する必要がある。その原理について簡単に説明しよう。

80対20の法則

イタリアの経済学者パレートが提唱したこの有名な法則によると、行動の20％が結果の80％をもたらす。言い換えると、あなたの行動のごく一部しか実際に成果につながっていないということである。**要するに、最大の結果をもたらす20％にできるだけ多くの時間を費やすことが重要だ。**

たとえば、私の本職は作家である。私にとって、結果の大半をもたらす活動は何だと思うか？

そのとおり、本の執筆である。

アマゾンで新刊書を発売するたびに、私は新たに注目される。新刊書は大勢の新しい読者を開拓するマーケティングのツールとなる。本をたくさん書けば書くほど、私の営業力は強化される。私にとって、結果の大半をもたらす二番目の活動は、アマゾンに広告を載せることだ。

本の執筆とアマゾンへの広告の出稿は、私が労力の大半を費やしているふたつの活動である。一方、自著をSNSで宣伝したり、ポッドキャストでインタビューしたりすることは、膨大な時間の浪費になることがわかった（少なくとも私にとってはそうだ）。だから最近ではそれらのことはめったにしない。

あなたはどうだろうか？　そして、今すぐに取り組むべき最も重要な課題はなんだろうか？　あなたにとって結果の80％をもたらす20％の活動はなんだろうか？

最重要課題に完全に集中する前に、その課題がなんなのかを見きわめる必要がある。しかし残念ながら、あなたにとっての最重要課題は執筆や広告の出稿のように単純なものではないかもしれない。さらに、それは時間の経過とともに変化しやすい。だからその課題がなんなのかを見きわめるために時間をかけることが大切になる。

そのためには、次のことをしよう。

- 自分が達成したいと思っている目標と、同様の目標を達成した人たちが実行してきたプランを調査し、自分にも役に立つかどうかを見きわめる。
- 「1日か1週間だけ働いて1か月の休暇をとる予定なら、何に取りかかるか？」「今日していることは5年後の目標に近づけてくれるか？」といった効果的な質問を自分に投げかける。

エクササイズ

自分にとって結果の80%をもたらす20%の活動を見きわめ、それを書きとめよう。

MASTER YOUR TIME

第18章

集中力を高めてフロー状態に入る方法

すでに見てきたとおり、ひとつの課題に集中する能力は、生産性を高めるためのカギである。この章では、集中力を高めて、よりたやすくフロー状態に入る方法を紹介しよう。

フロー状態とは何か？

「フロー状態」とは何らかの活動に専念していて、それを心の中で楽しんでいる状態を指す。フロー状態にいるとき、人は自分のしていることに時間の経過を忘れるほど没頭している。クレアモント大学院大学のM・チクセントミハイ教授は『フロー体験』（世界思想社）の中で、フロー体験にはポジティブな作用があり、よりよいパフォーマンスにつながることを指摘している。
チクセントミハイ教授によると、フロー体験の特徴は次の6つの要素である。

①専念と集中
②活動と意識の融合
③自己認識感覚の低下
④状況や活動を自分で制御している感覚
⑤時間感覚の変化
⑥活動に本質的な喜びを見いだすこと

以上の要素は互いに独立しているが、それらが組み合わさって初めてフロー体験をすることができる。

フロー状態にあると、集中が深まり、周囲の環境が気にならなくなり、無関係の思考が消えていく。ときおりネガティブな思考が浮かんでくるかもしれないが、それに気をとられないからすぐに消え、完全に集中している状態を維持することができる。

フロー状態に入るには少し時間がかかることもあるが、課題に専念していて集中していれば、フロー体験をしやすくなる。非常に困難な課題ではなく、適度に困難な課題に取り組んでいると、さらによい。実際、多くのビデオゲームがそういうレベルに設定されている。だからゲーマーはビデオゲームにはまってしまうのだ。

私の場合、本の執筆や推敲をしているときに、そういう状態になる。驚異的な集中力が要求されるからだ。

あなたはどうだろうか？　どんなときに、どれくらい頻繁にフロー体験をしているだろうか？　それは何をしているときだろうか？　より重要なのは、思いのまま、より頻繁にそういう状態に入るにはどうすればいいかということだ。

よく考えてみると、フロー状態は自然なことである。注意をそらすものさえなければ、本の執筆であれ、新しいアイデアのブレーンストーミングであれ、製品の開発であれ、集中力を要求するどんな課題にも専念することができる。ただ近年では注意をそらすものがいたるところに存在するだけのことだ。言い換えると、昨今、人びとは集中力を維持することが困難で、いつも注意が散漫になりがちである。3か月から半年間、SNS、ユーチューブ、ネットフリックス、その他の注意をそらすものと距離を置いてみて、それが集中力の維持にどれくらい影響を与えるか実験してみよう。

２０１８年の「米国版グローバル・モバイル消費者調査」によると、人びとは一日に平均52回もスマートフォンをチェックしていた。だが、多くの人にとって、その回数はもっと多いはずだ。グロリア・マーク教授の研究によると、人びとはスマートフォンを一日に平均74回もチェックし、人によっては一日に４００回以上もチェックしていることが明らかになっている。

そういう状況で集中力を維持するのが難しいのも不思議ではない。だが、もし驚異的な集中力を養えるなら、最も生産的な人たちの仲間入りを果たせる可能性がある。

では、ふだん集中力を研ぎ澄ましてフロー状態に入るために何ができるかを説明しよう。

フロー状態に入るための3つの方法

方法1 日々のルーティンを確立する

日々のルーティンを確立することは、集中力を研ぎ澄ますための最も強力な方法である。重要課題をやり遂げるためのルーティンを確立すると、心の準備を整えることができる。仕事に取りかかる前にルーティンを実行することによって、集中力を高めやすくなる。たとえば、人気作家のスティーヴン・キングは毎朝書いている。彼は発想がわいてくるのを待つのではなく、決まった時間になると机の前に座って書き始めるようにしている。なぜなら次の真実を理解しているからだ。

じっと待っているときに発想がわいてくることはめったになく、目標に向かって行動を起こすと発想がわいてくる。

要するに、インスピレーションがわいてくるのを待っていてはいけないということだ。フロー状態に入るのを待つのではなく、フロー状態をつくり出そう。それは日々のルーティンを確立することから始まる。

日々のルーティンは複雑である必要はない。効果的な日々のルーティンを確立するのに役立つヒントを5つ紹介しよう。

日々のルーティンを確立する5つの方法

① 毎日、同じ時間に同じ場所にいる。これはとてもわかりやすい。たとえば、私は

毎朝同じ時間に机の前に座るようにしている。これは仕事を始める前に心の準備を整えるのに役立つ。

② **仕事を始めるきっかけをつくる。** 私の場合、仕事の前にコップ一杯の水を飲み、ビタミン剤を飲んで、目標を書きとめることにしている。このプロセスに十分な時間をとって、書き始めたときにフロー状態に入れるようにしている。

③ **どんな課題に取り組むかを決める。** 次のステップは、集中している状態で何に取り組むかを決めることである。自分の最重要課題を見きわめよう。効果的であるだけでなく、努力を要する課題だ。私にとって、それは本の執筆である。それ以外にも多くの仕事をしているが、本の執筆が中心だ。

あなたはどうだろうか？　仕事やプライベートで目立った変化を起こすものは何か？　理想的には次のようなものであるべきだ。

- 努力を要する：やり遂げるのに努力を要するものであるべきだ。
- 挑戦的である：気合いを入れたくなるぐらい困難であるべきだが、あきらめたくなるほど困難であるべきではない。
- 効果的である：仕事であれプライベートであれ、重要な目標に向かって前進することを可能にするものであるべきだ。

④ **とにかく取りかかる。** うまくできるかどうかを心配してはいけない。また、うまくできそうだと感じるのを待っていてはいけない。とにかく課題に取りかかろう。行動を起こせば、モチベーションがわいてくる。しかし、その逆はうまくいかない。だからとにかく5分だけ課題に取りかかってみよう。いったん課題に取りかかったら、前進を続ける勢いがたいてい生まれてくる。

⑤ **集中して作業をすると自分に誓う。** 最後のステップは、集中して作業をすると自分に誓うことだ。何かをすると誓うことは不可欠である。なぜならルーティンを確立して生産性を高めることができるからだ。

新しい日々のルーティンを最低30日続けると誓おう。継続することが大切だ。毎日45分のセッションを継続するだけで、やがて生産性を大きく高めることにつながる。これは波及効果をもたらし、やがて驚異的な勢いを生むことができる。最初のセッションが終われば、次のセッションに取り組み、さらに次のセッションに取り組むという具合だ。それ以降、一日の計画をより綿密に立てるようになるだろう。とにかく勢いをつけて、どこまで進めるかを見きわめよう。

方法2 注意をそらすものを排除する

集中力を高めるためにできる次のことは、注意をそらすものをすべて排除することである。注意をそらすものにはどんなものがあり、どうやってそれを避けるかについては次章で説明することにして、とりあえずスマートフォンやパソコンの通知機能をオフにし、不要なタブをすべて閉じておこう。職場で仕事をしているなら、できれば同僚や上司に邪魔をしないように頼もう。その意思を職場の人に知らせるために、ヘッドホンを着用してもいいかもしれない。家で仕事をしているなら、配偶者や子供、親、ルームメートに仕事中は邪魔をしないように頼もう。集中力は最も大きなの資産のひとつだから、それを守るのはあなたの責任である。

方法3 中断せずに働く

注意をそらすものをすべて排除したら、重要課題に取り組むために一定の時間、できるかぎり一生懸命に働こう。前述のとおり45分のセッションから始めるといい。その間は中断せずに集中力を維持しよう。やがて集中力はどんどん増していく。

フロリダ州立大学の心理学者アンダース・エリクソン教授によると、さまざまな分野の第一線で活躍する人たちを調べたところ、驚異的な集中力を必要とする仕事を毎日4時間以上はしていないことが多い。かなり簡単な課題に取り組んでいるなら、それより長く働いているかもしれないが、かなり過酷な課題なら一日に4時間以上働くことは困難である。自分で実験して、どんなやり方が自分にとって最も効果的かを見きわめよう。

エクササイズ

この項で紹介した、日々のルーティンを確立する5つの方法を参考にして独自のルーティンを確立しよう。

集中力を高めるための7つの方法

方法1 仕事のほかにしたいことを持つ

自分は仕事中毒だと思うなら、趣味を持つことを検討しよう。もちろん、多忙をきわめている人にとって、こんなアドバイスは逆効果のように聞こえるかもしれないが、毎日か毎週、一定の時間を趣味に使わないなら、生産性を高めるための意欲がほとんどわいてこない。

このアドバイスは自営業者にとっては特に重要だ。ほとんどの自営業者は長時間労働をする傾向がある。仕事とプライベートの明確な境界線がほとんどなく、週末や休暇という概念はたいていない。仕事に情熱を燃やしているのかもしれないが、プライベートをおろそかにして週末や休暇を楽しむ機会を放棄してもいいということにはならない。

ジョージタウン大学のコンピューターサイエンティスト、カル・ニューポート准教授は『大事なことに集中する』（ダイヤモンド社）という本の中で、「一定のスケジュールによる生産性向上」という考え方を提唱している。つまり毎日、一定の労働時間を確保し、時間になったら必ず仕事を終えるということだ。実際、彼は午後5時半以降にはめったに働かず、「一定のスケジュールによる生産性向上をめざすことは、時間がかぎられていることを意識するのに役立つ」と言っている。**要するに、一定のスケジュールによる生産性向上をめざすと、時間が貴重なものであるという意識が高まり、時間をとりわけ大切にするということだ。**

じつを言うと、私はこのやり方を3年以上も実行するように努めてきたが、何度も失敗した。そのつど、たいてい週に7日、夜の10時とか11時までダラダラと仕事をする従来のパターンに戻ってしまった。

だが、今ではその理由がわかっている。仕事のほかに有意義な活動をしていなかったのだ。午後6時以降に何も予定していなかったので、夜になっても、たいてい働いていたのである。そこで、外国語学習やさまざまなテーマの勉強をするという目標を設定し、エストニア語の勉強（毎日）、日本語の勉強（毎日）、経済学のオンラインコース（週に2、3回）、オンラインコースでの学習法の習得（週に2回）といった活動を日々の予定表に加えた。

実際、長時間労働はたいてい成果につながらない。スタンフォード大学の経済学者ジョン・ペンカベル教授の研究によれば、従業員が週に50時間以上働くと生産性は大幅に低下し、55時間以上働くとさらに低下する。さらに興味深いことに、週に70時間働いても、そのうちの15時間はほとんど何も生産していない。もちろん、ときには長時間労働をする必要があるかもしれないが、それが習慣化しないように気をつけるべきだ。週に40時間しっかり働いているなら、それで十分すぎるくらいである。

イギリスのバウチャークラウドが２０１７年におこなった研究によると、平均的なオフィスワーカーは毎日わずか2時間53分（オフィスで過ごす時間の約3分の1）しか生産的な仕事をしていない。しかもこれは世界中のオフィスワーカーに当てはまる可能性が高い。

能力開発のブロガー、スティーブ・パブリナも「個人の生産性を3倍に高めよう」と題した記事の中で同様の結論に達している。彼は一週間にわたってブログの中で仕事に関するすべての課題を書いた。一週間後、オフィスで週に60時間過ごしていたものの、実際にはわずか15時間相当の仕事しかしていないことに気づいた。そこで実際に必要な仕事だけをすることにしたところ、週に45時間が限界であることがわかった。

要するに、「一定のスケジュールによる生産性を高める仕組み」を採用し、長時間労働を避けるということだ。ワクワクする趣味を見つけ、仕事が終わったあとでそれを予定表に加えよう。そうすることによって、より生産的になることができる。ただし、仕事をしているときはダラダラせずに、しっかり働くことが重要だ。

さらにアドバイスをもうひとつしておこう。

できることなら（たとえば自営業なら）、一日の労働時間を短縮しよう。これからの一週間、毎日の労働時間を4、5時間に限定し、それが自分の生産性にどんな影響をおよぼすか確かめるといい。たいていの場合、与えられた時間が少なければ少ないほど、その時間を生産的に使うようになる可能性が高い。

方法2 本を読む

本を読むことは集中力を高める効果的な方法である。なぜならそれはテレビを見たりポッドキャストを聴いたりするような受動的な行為ではなく能動的な行為だからだ。したがって、毎日、より多く、より長く本を読もう。

方法3 退屈してもいいと割り切る

昨今、私たちはたえず刺激を受けすぎている。長い行列に並んでいるとき、あなたはどうするだろうか？　おそらくすぐにスマートフォンを取り出してフェイスブックやインスタグラム、メールをチェックするだろう（あるいは電話をかけるかもしれない）。問題は、たえず刺激を受けているとシンプルな活動が退屈に思えてきて、重要課題がつまらなくなってしまうことだ。

複数の研究で、ラットに内側前脳束《ないそくぜんのうそく》（報酬系の一部）を刺激する活動をさせると、食べることすら控えて1時間に何度もその活動をすることがわかっている。これらの研究は、ドーパミンを分泌するきっかけとなる活動をすると、ますますその活動を求めるようになることを実証している。だから私たちはスマートフォンのチェックをなかなかやめられないのだ。

したがって、刺激を受けすぎていると思ったら、退屈してもいいと割り切り、何もせずに過ごそう。自然の中や公園の中を散歩しよう。丸一日、スマートフォンのチェックをやめよう。あるいは、黙って食べよう。外部の刺激を減らすと、先延ばしにしていた困難な課題がより魅力的に映るようになる。そして、それらの課題に取り組むことがとても楽しくなり、それに集中することがより簡単になる。

私は周囲の人から自分を律するタイプだと思われている。ときにはそのとおりかもしれないが、私は簡単に集中を乱しやすい。自著の売上をチェックしたりフェイスブックで友人と話したりしていると、つい夢中になって、ますます強い刺激を求めてしまう。その結果、本の執筆のように困難な活動に取り組むのはほぼ不可能になる。一方、ほとんど刺激を受けずに一日のスタートを切り、心を落ち着けると、書き始めるのがずっと簡単になる。

要するに、退屈してもいいということだ。SNSのチェックやビデオゲームのような刺激の強い活動を排除して、刺激のレベルを下げるべきである。そうすることは、集中力を維持して最重要課題に取り組むのに役立つ。

方法4 重要ではない作業をひとまとめにする

些細な作業をひとまとめにすることによって、重要課題に集中する時間を確保できる。かなり刺激の強い課題をひとまとめにして、刺激の全般的な度合いを下げることもできる。たとえば、メールとSNSのチェックを一日に30分から1時間に限定するといいだろう。そうすることによって、一日中それらをチェックするのを防ぐことができる。

方法5 休憩をとる

日々の忙しさに慣れてしまうと、休憩をとることを怠ってしまいやすい。より長く働けば、より多くを成し遂げられると思い込んでいるからだ。しかし、生産性の高さは単に時間によるものではなく、その時間にかける強度と意図によるものである。休憩をとらなければ、エネルギーをより早く消耗させ、生産性が落ちてしまう。

次のふたつのケースを想像しよう。

あるケースでは、休憩をとらずに働き、一日中、ひとつの課題から次の課題へと移っていく。

もうひとつのケースでは、一日の計画を綿密に練り、しなければならない課題を把握し、各セッションの合間には休憩をとってリフレッシュし、次の課題に取り組む準備をする。

どちらのケースがより生産性が高いだろうか？

答えは明らかだろう。

したがって、定期的に休憩をとって、時間と労力の使い方に明確な意図を持とう。そうすれば、生産性は全般的に向上する。

エクササイズ

集中力を研ぎ澄ますためにできることを少なくともひとつ書いてみよう。

方法6 いつどこででも集中力を発揮する

前出のカル・ニューポート准教授は『大事なことに集中する』の中で、仕事に集中することに関して4つの働き方があることを指摘していて、そのひとつが「ジャーナリスト的な働き方」である。すなわち、ジャーナリストがたえず締め切りに追われて集中して作業をしているように、一日の中で細切れの時間を活用して仕事に集中することだ。

集中力を養いたいなら、いつどこででも働く訓練をして、それを習慣にしよう。たとえば、電車の中にいるときや行列に並んでいるときに仕事をしよう。一部の作家は電車での行き帰りにスマートフォンで本を書いている。書くことは必ずしも簡単な作業ではないが、練習すればできるようになる。

要するに、練習すれば、集中している状態により素早く入れるということだ。しかも練習すればするほど、それは簡単になる。いつどこででも働けるようになれば、ごくわずかな人しかできない超人的な力を発揮できる。

もうひとつアドバイスをしておこう。

こういう即興的な仕事のセッションでは、毎朝、フロー状態に入るために使っているルーティンの一部を繰り返せばいい。たとえば、日々のルーティンで聴いているのと同じ音楽を聴くと効果的かもしれない。

エクササイズ

たった5分でも、どんな活動をしているときに集中力を高められるか考えてみよう。

方法7 自分に思いやりを持つ

この項の最後の目的は、仕事のセッションが期待していたほど生産的でなくても、後ろめたさを感じないようにすることだ。

物事がうまくいかないとき、自分を責めても仕方がない。そんなことをするより自分に思いやりを持とう。

自分に思いやりを持つことは、生産性を高めるための最も強力なツールのひとつである。自分を励ませば励ますほど、気分がよくなる。そして、気分がよくなればなるほど、目標に向かって行動をしたくなる。

自分に思いやりを持つことは、少し落ち込んでいるときに特に大きな力を発揮する。

私はそれを「心のセーフティーネット」と呼んでいる。自分を守るために、このセーフティーネットを活用することをおすすめしたい。

私が自分に思いやりを持つようになったのは、3年ほど前のことである。その結果、苦しいときでも気分がよくなったし、多くの目標を達成するのに役立った。だからもし物事がうまくいかないときに自分を責めているなら、そんなことをする必要はないと力説したい。自分に思いやりを持てば、多くのことを成し遂げられる。それがどれくらい効果的かは実際に試してみるといい。

自分に思いやりを持つためにできる簡単なことを紹介しよう。

- **自分を責めるのをやめる。**自分をこき下ろしていることに気づいたら、それをやめて思考を改善しよう。たとえば、自分をバカと呼んでいるなら、「ミスをするのは仕方ない。それは誰もがすることだ。今後は気をつけよう」と自分に言い聞かせればいい。
- **自分に優しくする習慣を一週間続ける。**自分が自分自身にかけている言葉（セルフトーク）を観察して、自分にできるだけ優しくする習慣を身につけよう。よかれ悪しかれ、セルフトークがどれだけ自分の気分に影響をおよぼしているかを認識しよう。

- **自分に思いやりを持つことに関する3つの勘違いを修正しよう。**最初の勘違いは、何かを成し遂げるには自分に厳しくする必要があるというものだ。二番目の勘違いは、自分に思いやりを持つのは軟弱さの証しだというものだ。三番目の勘違いは、自分に思いやりを持つのは自己中心的だというものだ。しかし、実際には自分に思いやりを持てば、気分がよくなって、より多くのことを成し遂げ、精神的により強くなり、他人を助けるだけの余裕が生まれる。

自分に思いやりを持とう。そうすれば、モチベーションが高まり、長期的に見ると、より多くのことを成し遂げられる。

MASTER YOUR TIME

第19章

注意をそらすものを排除する

現代社会では、人々はかつてないほどたやすく注意をそらしがちだ。クリックするだけで世界中の知識にアクセスできるだけでなく、注意をそらしてしまうものがいくらでもある。ワンクリックでフェイスブックとつながり、友人たちが何をしているかを見ることができる。インターネットにアクセスすれば、どんなワクワクするニュースがあるかを調べることができる。ユーチューブを利用すれば、仕事に戻る前にしばらく動画を見ることができる。少なくとも私たちは自分にそう言い聞かせている。

言い換えると、注意をそらすものはいたるところにあり、私たちは簡単に誘惑されてしまうということだ。困難な課題、退屈な課題、不快な課題に取り組んでいるときは特にそうなりやすい。

そこで、注意をそらすものを排除することは、時間をコントロールするうえで最も重要なことのひとつである。そうすることによって目の前の課題に100%集中し、それをやり遂げるためにエネルギーを注ぐことができる。

では、注意をそらすものがない環境をつくるにはどうすればいいだろうか。

4種類の注意をそらすものとそれを排除して働く方法

この項では、注意をそらすものの種類と問題点を説明しよう。あなたは一日の中で主に次の4種類の方法で注意をそらしてしまう可能性がある。

① 引きずり込まれる
② 中断させられる
③ 誘惑される
④ 幻惑される

以上の4つについて詳しく見ていこう。

①引きずり込まれる

フェイスブックを少し見るためにアクセスしただけなのに、ニュース記事を読んで30分ほどダラダラしたことはないだろうか？　ひとつのメールに返事を書きたかっただけなのに、他のメールを見て1時間も費やしたことはないだろうか？

私にはそういう経験がある。

それは引きずり込まれているのだ。引きずり込まれるというのは、何かをするつもりだったが、別の方向に引っ張られて一定の時間を浪費してしまうことを意味する。もちろん、それは恥ずべきことではない。誰もが一日の中でそういうことをする。注意をそらすものを避けるカギは、自分にとって何がそれであるかをより明確に意識することだ。

たとえば、私にとってはフェイスブックとユーチューブが強い力を持っていて、気をつけないとすぐに引きずり込まれてしまう。

時間の浪費という罠にはまらないようにするためには、一日の中で注意をそらすものをすべて観察し、どれが最も強い力を持っているかを見きわめなければならない。それは同僚との雑談かもしれないし、ニュース記事のチェックかもしれないし、X（旧ツイッター）かもしれない。いったん強い力を持って自分を引きずり込むものを見きわめたら、それから距離を置く方法を考えることができる。その吸引力から身を守るために自分に問いかけるべき重要な質問は、「今、この活動をすることは脱線につながるか？」である。

もし脱線するおそれがあるなら、まるで地雷が埋められた地域を歩いているようなものだ。あとで時間をとってその活動をするように予定を組むか、それをふだんの生活から完全に排除しよう。

② 中断させられる

前述のとおり、グロリア・マーク教授による研究で、すべてのオフィスワーカーは作業を中断するまでに平均11分しか課題に取り組んでいないことがわかっている。

あなたはどうだろうか？　一日の中でどれくらい頻繁に中断させられているか？

中断させるものは、引きずり込むものほど強い力を持っていないが、仕事中は特に頻繁に起きやすいため、注意が必要である。中断させるものを放置していると、集中力を妨げてしまい、作業に専念できなくなる。

中断させるものの実例を紹介しよう。

- スマートフォンやパソコンの通知
- 話しかけてくる同僚
- かかってくる電話

ただし、中断させるものは外的な要因とはかぎらない。自分で作業を中断していることもよくあるからだ。フェイスブックを見たり、インターネットの記事を読んだり、スマートフォンをチェックしたりするのがそうだ。それはたいてい次のような理由による。

- **無意識の習慣になっている。**たとえば、スマートフォンの通知を期待しながらチェックするたびにドーパミンが分泌される。その行動を繰り返しているうちに、その習慣は強化される。

- **中断は仕事から逃避するための手段として機能する。**退屈な課題、困難な課題、不快な課題に取り組む必要があるとき、たいてい突然、気晴らしをしたくなる衝動に駆られる。ある意味で、これはつらい状況から逃げるためのものだ。

作業を中断させられたり、自分で作業を中断したりしているときは、「これは集中を妨げていないか？」と自問しよう。もしそうなら、適切な対策を講じるべきだ。

③ 誘惑される

よりワクワクしそうなものに取り組むために、作業を中止したことはないだろうか？　あるいは、より簡単な課題に取り組むために、重要課題を先延ばしにしたことはないだろうか？

これは誘惑されている状態である。

このタイプの行動をしているとき、あなたは気分をよくしてくれるものを探している。かなり簡単な課題を選び、ＴｏＤｏリストにあるその項目にチェックをつけてより多くの仕事をした気分になっているのだ。しかし、些細な課題をたくさんやり終えても、生産性が向上するわけではない。それでは時間の使い方がうまいとは言えない。

多くの人は気分がよくなる活動をして忙しくし、「仕事をしている」という幻想を抱きたがるが、これは単に忙しくしているだけである。気分がよくなる活動は本当に大切な仕事から注意をそらすことが多い。気分がよくなる活動にいくら励んだところで、目標には近づかない。

たいていの場合、気分がよくなる活動は有意義な活動の反対である。たしかにそれはドーパミンの分泌につながるかもしれないが、その快感はすぐに終わる。逆に、困難で有意義な仕事をやり遂げることに集中すれば、より健全な自尊心をはぐくむことができる。

とはいえ、気分がよくなる活動は、勢いをつけて苦境を抜け出すのに役立つ。だから完全に無視するべきではない。たとえば、モチベーションがわいてこないとき、些細な課題をやり遂げてモチベーションを高めるのはいいアイデアかもしれない。

このタイプの注意をそらすものを排除するために、自問すべき重要な質問を紹介しよう。

- この活動は本当に今、自分がすべきことなのか？
- この課題に取り組んでいるのは、単に忙しくして「仕事をしている」という幻想にひたりたいからか、その課題が本当に重要だからか、どちらだろうか？

④ 幻惑される

生産性を高める究極の仕組みを確立するために、生産性に関する本を片っ端から読んだことはないだろうか？　自分にぴったり合うものが見つかると期待して、いくつもの新しいツールを試したことはないだろうか？

私たちは困難な課題から注意をそらすために、生産性に関する新しい本やコースを探し求めることがよくある。適切なツールが見つかりさえすれば、生産性を最大限に高めて、望んでいることを何でも成し遂げられると自分に言い聞かせているのだ。

だが、これは幻想である。数百年前に活躍した偉人たちは、現代人と同じような生産性を高める仕組みを持っていなかった。スマートフォンやパソコンを持っていなかったので、インターネットで情報を検索することもできなかった。たとえば、万能の天才とたたえられるベンジャミン・フランクリンとレオナルド・ダ・ヴィンチについて考えてみよう。テクノロジーは便利だが、むしろ注意をそらし、本当の仕事をやり遂げるための集中力を妨げることもある。

言い換えると、私たちが幻惑されてしまうのは、生産性の問題をすべて解決する魔法の妙薬がどこかにあると信じてしまうからだ。それは、生産性の基本を理解せずに新しいテクニックを次々と試すことを意味する。現在の生産性を高める仕組みにさらに何かを付け加える必要があると考えてしまうのだ。

より端的に言うと、生産性をあげるための仕組みが長期にわたって維持できるほどシンプルでないなら、あなたは幻惑されている。自分にとって役に立つ持続的な仕組みがないかぎり、高い生産性を維持することは難しい。前述のとおり、自分にとって現実的ではない仕組みを実行しようとすると、確実に失敗する。その結果、あきらめて別の仕組みを探すことになり、同じサイクルを何度も繰り返すはめになる。

要するに、すぐに生産性を高めてくれる魔法の妙薬は存在しないということだ。私に言わせれば、**生産性を高めてくれる魔法の妙薬に最も近いのは、一日に少なくとも45分間、中断せずに最重要課題に取り組むことによって驚異的な集中力を発揮するこ**

とである。フランクリンやダ・ヴィンチはスマートフォンの通知によって作業を中断させられたことがなかったし、SNSをチェックする誘惑に駆られたこともなかった。連続ドラマを何時間も見るという選択肢もなかった。注意をそらすものがほとんどなかったので、集中を維持するのはわりと簡単だったに違いない。その結果、最新のテクノロジーのツールを利用していなかったにもかかわらず、大多数の現代人よりはるかに多くのことを成し遂げた。

覚えておこう。**長期にわたって驚異的な集中力を維持し、計画的に行動すれば、望んでいることの大半を成し遂げることができる。**

幻惑されるのを避けるために自問すべき重要な質問を紹介しよう。

- 集中力を養う努力をせずに生産性を高めるための情報を探していないか？
- 自分の生産性を高めるための仕組みを長期にわたって維持しているか？
- もしそれができていないなら、どう対処すればいいか？

エクササイズ

作業中に自分が何に引きずり込まれ、中断させられ、誘惑され、幻惑されているのかをすべて書いてみよう。その際、次の分類を参考にするといい。

1 引きずり込まれる

Q この活動によって引きずり込まれていないだろうか？

2 中断させられる

Q この活動は集中力を妨げていないだろうか？

3 誘惑される

Q 今、この活動をすべきだろうか？

4 幻惑される

Q 生産性を高めるために複雑で非現実的なツールを探していないだろうか？

集中力を妨げる最大の要因を見きわめる

では、集中力を最も妨げている活動について考えるために、次の質問を自分に投げかけよう。

「集中力を妨げる要因をひとつだけ排除するとすれば、それはなんだろうか？」

たとえば私の場合、集中力を妨げる最大の要因はユーチューブだ。気をつけないと、それに何時間も費やしてしまう。それはとても楽しいかもしれないが、目標に近づけてくれない。また、本当の意味での充実感を与えてくれない。ユーチューブの視聴を減らすと、モチベーションがわいてきて生産性が飛躍的に高まる。

あなたはどうだろうか？　あなたにとって集中力を妨げる最大の要因はいったいなんだろうか？

エクササイズ

次のことを実行しよう。

- 集中力を妨げる4つの要因（引きずり込まれる、中断させられる、誘惑される、幻惑される）のリストを作成する。
- その中でふだん最も多くの時間を浪費しがちな要因に下線を引く。
- 集中力を最も妨げる活動を見きわめ、それをやめるか控える計画を立てる。

CEO、COO、従業員

一日の時間をよりうまくコントロールすれば、集中力を妨げる4種類の要因を避けることができる。それには効果的な計画が含まれる。この項では、CEO、COO、従業員という枠組みを活用する。私がそれを初めて聞いたのは、アリ・アブダール博士というユーチューバーの動画だった。そして、その内容をうまく応用した。

簡単に言うと、あなたは一日の中でCEO、COO、従業員という3つの役割を演じている。それぞれの立場が何を意味するかを説明しよう。

①CEO（最高経営責任者）

CEOはその日の予定を組む。あなたはCEOとして、全体的な戦略にもとづいて何をする必要があるかを決め、従業員にその日の仕事内容を伝える。従業員ができるだけ効率的に働けるようにするために、CEOは次のことをしなければならない。

- 従業員にすべきことを伝え、すぐに仕事を始められるようにする。
- 従業員にその方法を伝え、課題をスムーズにやり遂げられるようにする。
- 従業員にその課題に取り組むべき理由を伝え、やり遂げるモチベーションを高めるようにする。

② COO（最高執行責任者）

COOはCEOの補佐として、この仕組みの効率化を担当している。たとえば、COOは日々のルーティンの確立や従業員の作業効率を高めることをめざす。

COOの役割は次のとおりである。

- 課題に取り組む最も効果的な方法を従業員に伝える。
- さまざまなアイデアを出し、従業員の生産性向上に役立つアドバイスをする。
- 日々のルーティンを確立する。
- 結果をCEOに報告し、CEOがその日の計画を立てるのを手伝う。

③ 従業員

従業員の役割は、一回にひとつずつ課題に集中して取り組むことだ。それによって従業員が受ける主な恩恵を列挙しよう。

• 考えすぎる必要がない。考えるのはＣＥＯの役割であり、従業員の役割はそれを実行することである。
• ためらう必要がない。基本的に、従業員は言われたことをするだけでいい。
• 戦略を練る必要がない。ＣＥＯが綿密に戦略を練っているなら、従業員は指令に従うだけで目標に近づくことができる。

また、ＣＥＯを信頼すれば、長期的に見てさまざまな恩恵を受けることができる。毎日、ＣＥＯの指示に従えば、生産性を高めて成果をあげることができる。それがこの枠組みの効果である。ＣＥＯはしっかり考えて戦略を練り、従業員はそれをやり遂げればいい。

この枠組みはいたってシンプルである。要するに、ＣＥＯは一日の計画を立てて、ＣＯＯは仕組みを改善する方法を探し、従業員は考えすぎずに実行するということだ。

では、この仕組みをよりよく理解するためにふたつの具体例を紹介しよう。

私はＣＥＯとして、今日、午前9時から正午まで本を執筆することに決めた。私が従業員としてする必要があるのは、今朝、机の前に座ってパソコンで文章を書くことだけである。私はCOOとして、自分がその課題をどれだけうまくできるかを査定する。COOとして気づいたのは、一日に3時間書く（約45分ごとに休憩をはさむ）ためには、内容に関する明確なレジュメと具体的なアイデアが必要だということだ。そこで、COOはCEOにレジュメの作成により多くの時間をかけることを提案する。そうすることによって、従業員は毎日スムーズに書くことができる。

もうひとつの例について考えてみたい。自分がCEOとして、今日、2時間、特定のプロジェクトに取り組むことを決意したとしよう。あなたは従業員として、すぐにそのプロジェクトに取りかかるが、2時間たっても課題の半分しかできていない。そこでCOOにそれを伝える。COOはCEOに対して、従業員により多くの作業時間を与えるべきだと提案する。あるいは、COOはその従業員が課題をやり遂げられなかった要因を分析する。たぶん従業員はスキルを伸ばす必要があるのかもしれない。あるいは、従業員は誰かに助けを求めて、その課題の一部を依頼することができたかもしれない。

究極的に、あなたは自分の人生のCEOである。その日の計画を立てて、たえずそれを実行すれば、多くの目標を達成する可能性がかなり高くなる。

エクササイズ

一日の初めに次の質問を自分に投げかけよう。

CEO
- 今日、どんな課題を成し遂げる必要があるか？

COO
- 今日、何がうまくできるか？
- 課題への取り組み方をよりよくするには何ができるか？
- 何を改善すべきか、そしてその方法は何か？

従業員

- その課題に取り組む方法を知っているか？
- それをやり遂げるスキルやツールを持っているか？
- その課題に取り組む必要がある理由を知っているか？
- やる気があるか？
- それを必ずやり遂げるという強い意志を持っているか？
- 心の中で抵抗を感じているなら、どうすればそれを克服できるか？

今日、やり遂げたい3つの課題を紙に書き、作業を開始しよう。

おわりに

時間の使い方を見直すうえで、本書がきっかけになれば幸いである。時間が貴重なものであることは誰もが知っているが、ワクワクする目標を達成するために時間を有効に使っているとはかぎらない。よく気をつけないと、生涯を通じて膨大な時間を非生産的な活動に浪費するおそれがある。

従来のパターンに陥ると、夢や目標をあきらめて、本当にできることより小さなことで妥協せざるをえなくなる。そして、どうやって時間を有効に使えばいいかを考えるのではなく、「時間がない」とたえず不平を言い続ける可能性が高い。

しかし、今、あなたはこの状況を打開できることを理解している。

時間の上手な使い方を学び、適切な活動に集中すれば、時間をうまく使いこなし、よりよい未来を設計するために、この貴重な資産を使うことができる。

そこで、**これからは「時間がない」と不平を言うのをやめて、「自分に与えられたごくわずかな時間をどう使ったらいいか？」と自分に問いかけよう。**

ウォーレン・バフェットやビル・ゲイツ、イーロン・マスクといった世界的な大富豪ですら買えないこの貴重な資源を、どのように使えばいいのだろうか？

それに対する私の提言は次のとおりである。

いついかなるときも、あなたは次のふたつのうちどちらかをしている。

- 有意義で楽しいことをして目標に近づいている。
- 無意味で退屈なことをして目標から遠ざかっている。

目標にたえず集中し、毎日、それに向かって前進を続けよう。いずれにしても時間は過ぎるのだから、有効に使ったほうが得策である。本書がその一助となることを願ってやまない。

ティボ・ムリス

本文に掲載されている参考文献からの引用は、
邦訳書の訳文を引用したものではなく、すべて今回新規に訳出したものです。

購入者限定特典

エクササイズ書き込みワークシート

本書で登場した
エクササイズの書き込みワークシートは
下記よりダウンロードできます。
自分に合った時間の使い方を見直すために
ぜひ活用ください。

ユーザー名　discover3017
ログインパスワード　masteryourtime

https://d21.co.jp/special/masteryourtime/

※第三者への転売・譲渡を禁止します
※この特典は予告なく終了することがあります

後悔しない時間の使い方

発行日　2024年2月23日　第1刷
2024年4月12日　第2刷

Author　ティボ・ムリス（Thibaut Meurisse）
Translator　弓場 隆

Book Designer　カバーデザイン　山之口正和（OKIKATA）
本文デザイン　小林祐司

Publication　株式会社ディスカヴァー・トゥエンティワン
〒102-0093　東京都千代田区平河町2-16-1 平河町森タワー11F
TEL　03-3237-8321（代表）03-3237-8345（営業）／FAX　03-3237-8323
https://d21.co.jp/

Publisher　谷口奈緒美
Editor　大竹朝子　野村美空

Distribution Company
飯田智樹　古矢薫　山中麻吏　佐藤昌幸　青木翔平　磯部隆　小田木もも　廣内悠理　松ノ下直輝　山田諭志
鈴木雄大　藤井多穂子　伊藤香　鈴木洋子

Online Store & Rights Company
川島理　庄司知世　杉田彰子　阿知波淳平　王廳　大﨑双葉　近江花渚　仙田彩歌　滝口景太郎　田山礼真
宮田有利子　三輪真也　古川菜津子　中島美保　厚見アレックス太郎　石橋佐知子　金野美穂　陳鋭　西村亜希子

Product Management Company
大山聡子　大竹朝子　藤田浩芳　三谷祐一　小関勝則　千葉正幸　伊東佑真　榎本明日香　大田原恵美　小石亜季
志摩麻衣　野﨑竜海　野中保奈美　野村美空　橋本莉奈　原典宏　星野悠果　牧野類　村尾純司　安永姫菜
斎藤悠人　中澤泰宏　浅野目七重　神日登美　波塚みなみ　林佳菜

Digital Solution & Production Company
大星多聞　中島俊平　馮東平　森谷真一　青木涼馬　宇賀神実　小野航平　佐藤淳基　舘瑞恵　津野主揮
中西花　西川なつか　林秀樹　林秀規　元木優子　福田章平　小山怜那　千葉潤子　藤井かおり　町田加奈子

Headquarters
蛯原昇　田中亜紀　井筒浩　井上竜之介　奥田千晶　久保裕子　副島杏南　福永友紀　八木眸　池田望
齋藤朋子　高原未来子　俵敬子　宮下祥子　伊藤由美　丸山香織

Proofreader　文字工房燦光
DTP　株式会社 RUHIA
Printing　日経印刷株式会社

ISBN978-4-7993-3017-3　KOUKAI SHINAI JIKAN NO TSUKAIKATA by Thibaut Meurisse